RAPPORT

par

AUGUSTE DUSAUTOY

PARIS

EXPOSITION UNIVERSELLE DE 1867
PARIS

JURY INTERNATIONAL DE LA 35ᴱ CLASSE

(HABILLEMENT DES DEUX SEXES)

RAPPORT

PAR

M. AUGUSTE DUSAUTOY,

PRÉSIDENT, RAPPORTEUR.

PARIS

E. DENTU, 17 ET 19, PALAIS-ROYAL

(GALERIE D'ORLÉANS),

ÉDITEUR DE LA COMMISSION IMPÉRIALE.

IMPRIMERIE PAUL DUPONT.

1867

EXPOSITION UNIVERSELLE DE 1867. — PARIS.

JURY INTERNATIONAL DE LA 35ᵉ CLASSE
(HABILLEMENT DES DEUX SEXES)

RAPPORT

PAR

M. AUGUSTE DUSAUTOY,

PRÉSIDENT, RAPPORTEUR.

Considérations générales. — Des Tailleurs. — Des Confectionneurs. — Équipement militaire. — Des Tailleurs pour enfants. — Des Ouvriers tailleurs. — Statistique comparée des Tailleurs et des Confectionneurs. — Des Couturières. — Des Confectionneuses. — Des Exposants récompensés. — Conclusion.

CHAPITRE Iᵉʳ.

CONSIDÉRATIONS GÉNÉRALES.

§ 1ᵉʳ. — Aperçu historique sur l'industrie du tailleur antérieurement à 1789.

Le cadre qui nous est réservé ne nous permet pas de faire une longue esquisse historique de l'habillement; nous dirons toutefois que cette industrie remonte aux premiers âges du monde. Il n'est donc pas sans intérêt d'établir ses différentes transformations.

A l'enfance de la société, ce fut d'abord l'art d'assembler

soi-même des peaux ; puis vinrent les premiers essais de tissus, qui se hasardèrent timidement; bientôt, dans la tribu, la femme tissa les vêtements du maître. Enfin, lorsque les agglomérations urbaines se formèrent, l'habillement devint une véritable industrie, dont le développement suivit rapidement le progrès des cités et fut toujours en raison de leur splendeur.

Au temps des Assyriens et sous les Pharaons, cette industrie était déjà très-florissante.

Les Grecs et les Romains étalèrent aux yeux de la foule la richesse de leurs costumes, et on trouve dans les fastes de Rome le récit du luxe effréné qui se déployait alors, et des dépenses folles qui se faisaient pour l'habillement.

Mais cette industrie, qui avait atteint un si haut degré sous les grandes institutions de Rome et d'Athènes, disparut avec ces institutions et ne laissa guère de traces sous le régime anarchique des premiers siècles de l'ère chrétienne, si bien que, au moyen âge, quand le goût revient, avec les premières lueurs d'une civilisation nouvelle, on retrouve l'industrie de l'habillement toute démembrée par les nombreux et bizarres priviléges des temps féodaux, qui paralysèrent si longtemps l'initiative industrielle.

A cette époque, chaque partie du vêtement était le monopole de corporations rivales et jalouses, qui se faisaient entre elles une guerre acharnée, au détriment de toutes.

Il y avait alors les *chaussetiers*, les *houppelandiers*, les *braaliers* qui travaillaient le fil et les ornements ; les *manteliers*, les *tailleurs de robes ordinaires*, les *tailleurs de robes fourrées*, les *tailleurs d'église*, les *tailleurs d'habits*, etc., etc.

Aux prises entre elles, ces corporations avaient en outre à lutter contre les *chambrelands* (ouvriers travaillant sans maîtrise) ; contre les *couturières*, qui faisaient en secret des vêtements de femme et d'enfant, et aussi contre les *fripiers*, qui, ne se contentant pas de vendre de vieux habits, en faisaient aussi de neufs.

Du XIIIᵉ au XVIIᵉ siècle, l'histoire de l'habillement offre une confusion indescriptible. Les rivalités entre les corporations prirent souvent un caractère inouï de violence, et furent l'objet de procès formidables qui duraient parfois des siècles ; elles donnèrent lieu à des règlements, à des statuts, à des édits qui vinrent successivement, tantôt augmenter, tantôt diminuer les priviléges de telles corporations ou en créer de nouvelles, en abolissant ou en groupant les anciennes.

Il n'y a peut-être pas de corporation qui ait donné lieu à tant de lettres patentes que celle des tailleurs. De 1406 à 1467, on en compte environ 60, sans parler des lettres royales et des édits locaux.

Parmi les plus importants édits, on distingue ceux qui abolissent, au XVᵉ siècle, les anciennes et nombreuses jurandes; en sorte qu'il ne reste bientôt plus que deux corporations, celle des tailleurs d'habits proprement dits, et la maîtrise des marchands *pourpointiers-chaussetiers*.

En 1675, les couturières sont constituées en maîtrise, et viennent, à leur tour, faire concurrence aux tailleurs pour les vêtements de femme.

Les fripiers obtiennent ensuite le droit de faire des habits neufs, « par accord passé à la cour du Parlement, entre le duc de Bourbon, grand chambrier de France, et les fripiers de la ville de Paris, homologué le 21 octobre 1441 par Charles VII. » Ils réclamaient depuis longtemps le droit à cette maîtrise, qui leur avait toujours été refusé.

Enfin, la lutte qui s'établit de nouveau entre les deux industries a pour conséquence la fusion de leur maîtrise dans celle des tailleurs.

Entre autres ordonnances, il y en eut de fort curieuses ; ainsi l'une d'elles défendait aux tailleurs :

« De couper ou de dresser autrement que sur un établi, en vue du peuple. »

Une autre leur interdisait :

« D'avoir chez eux plus de cinq aunes d'étoffe de la même nature, en un ou plusieurs coupons. »

Une troisième portait interdiction :

« De faire payer plus de 60 sous pour la façon d'un habit d'homme ou de femme, et plus de 20 sous pour un habit de laquais. »

Une autre décidait que :

« Pour la façon d'un habit ou cotte avec surcotte, grandes manches pendantes, grandes manches de parade, le chaperon y compris, vous payerez 5 sous » (Ordonnance de janvier 1350).
« Le Roi ne vous force pas »

disent les lettres patentes du 14 juillet 1404,

« de payer la façon d'un habit mal coupé ; il force, au contraire, le tailleur à vous payer le prix de l'étoffe. »

Les statuts des tailleurs de Troyes, confirmés par lettres patentes de mai 1400, portaient :

« Comme les habits d'hiver appelés jacques, jacquettes, sont composés de plusieurs étoffes, de plusieurs toiles doublées, cousues ensemble, et que l'on n'en voit que l'extérieur, on pourrait tromper l'acheteur. Le tailleur doit donc déclarer à celui qui veut les acheter en quelle matière ils sont faits ; combien de toile neuve, combien de vielle ; combien de livres de bourre de soie, de filasse ou de laine. »

Enfin, pour donner une idée de ce qu'était le tailleur au

xv° siècle, et de la quantité d'édits qui réglementaient la corporation, écoutons les doléances naïves et spirituelles de cet artisan, riche et considéré, racontant à une veillée de l'hôtel de ville, les tribulations d'un maître juré tailleur :

« Les statuts de notre métier sont et, sans doute, doivent être les plus sévères. Vous savez que les *visiteurs* viennent visiter les laines avant qu'on les carde ; les laines cardées avant qu'on les file ; les laines filées avant qu'on les tisse ; les étoffes tissées avant qu'on les foule ; les étoffes foulées avant qu'on les tire aux chardons, avant qu'on les tonde ; les étoffes tirées aux chardons, tondues, avant qu'on les presse, aux termes des lettres du Roy de 1443, 1461, 1466, 1467 et 19 novembre 1479. Vous savez après quels longs examens ils mettent le sceau de cire aux draps à fouler (lettre du Roy du 23 septembre 1461) ; après quels plus longs examens ils remplacent, à la fin du foulonnage, le sceau de cire par le sceau de plomb qui, jusqu'à la dernière aune de drap, doit en attester la bonne qualité à l'acheteur ; vous savez que, sous sa responsabilité, il faut couper la lisière aux endroits défectueux (lettre du Roy du 23 septembre 1461). Eh bien, j'en jure par notre patronne Notre-Dame, dont l'image resplendit sur notre bannière, à toutes ces visites, à toutes ces inspections, à tous les visiteurs, les inspecteurs et Monseigneur le vicomte, maire de la ville, ne m'ont jamais fait un reproche. Mes draps et mes habits, valent peut-être mieux que les draps et les habits d'Espagne ; mais pour les vendre même moins qu'ils ne coûtent, je suis obligé de les appeler draps et habillements d'Espagne et non de France, car un homme tant soit peu notable ne voudrait pas les porter. »

Quelle ironie, quelle satire fine et spirituelle dans ces paroles, et comme l'industriel se vengeait des entraves apportées au développement de son industrie !

L'Espagne est bien déchue de cette splendeur industrielle, tant il est vrai que sans liberté commerciale, il n'y a pas de commerce possible. Le Français est tel qu'au xv° siècle, préférant toujours les choses de provenance étrangère : à cette époque, c'était l'Espagne dont il préférait les produits ; plus tard, c'est à l'Angleterre qu'il s'adressera pour les obtenir.

§ 2. — L'industrie du tailleur depuis 1789.

Enfin, la révolution de 1789 vint abolir tous ces priviléges, en créant la libre concurrence, et donna bientôt un large et puissant essor à l'initiative si longtemps comprimée.

L'industrie eut tout d'abord à souffrir de la substitution des vêtements simples de l'homme du peuple aux anciens et riches costumes de velours et de soie. Mais cela dura peu; sous l'influence des nouvelles institutions, l'industrie prit un développement rapide, et, dès l'Empire, les Legcai, les Staub et les Ebeling entre autres, fondèrent de grands établissements et acquirent des fortunes considérables.

Cependant cette situation ne se maintint pas; après quelques années de grande activité, une langueur générale vint tout à coup paralyser l'industrie qui resta stationnaire pendant la Restauration et les premières années du gouvernement de Juillet.

Cette réaction était inévitable; l'abolition des priviléges avait pu, en permettant à l'initiative de se développer, produire ce que l'on pourrait appeler l'enthousiasme industriel du premier jour; mais notre régime commercial était encore plein d'entraves, et l'on n'avait pas, pour maintenir, protéger et favoriser cet essor naissant, ces lois extensives du commerce, ce libre échange, ces traités douaniers et internationaux qui ont donné, depuis 1860, un si grand développement à toutes les branches de l'industrie française, en même temps qu'ils favorisaient l'élan et le progrès des industries étrangères, en augmentant d'une manière considérable l'écoulement et l'échange des produits.

Auparavant, en effet, en dehors du progrès industriel et manufacturier, qui, chez les autres nations, n'était pas aussi développé qu'en France, les règlements douaniers condamnaient forcément l'industrie à employer exclusivement des produits nationaux et à se contenter des débouchés du pays lui-même.

En France, par exemple, bien que nous ayons sur les autres nations, en ce qui touche l'habillement, l'avantage d'être le foyer de la mode, le commerce d'importation et d'exportation, était, sous l'empire du régime antérieur, pour ainsi dire, nul; quelques riches étrangers se faisaient sans doute habiller à Paris, mais c'était une exception : la consommation intérieure nous offrait seule un marché, car il était impossible d'employer des matières premières et des tissus de provenance étrangère, sous peine de voir son domicile envahi par des perquisitions douanières qui ne respectaient rien, et s'étendaient à toutes les parties des magasins et à tous les meubles des appartements. La suppression de ces pratiques vexatoires et humiliantes est encore un des bienfaits des traités de commerce de 1860.

A part quelques maisons qu'une vogue tout à fait exceptionnelle favorisait, la voie du développement était donc fermée à l'ensemble de l'industrie. Aujourd'hui, au contraire, employant simultanément les produits qui ont rapidement augmenté et les produits étrangers, la France s'est ouvert des débouchés considérables, aussi bien chez elle qu'à l'extérieur.

Telle a été la conséquence des nouvelles institutions; telle est la différence entre les deux époques.

Rien ne le prouvera plus éloquemment que les chiffres comparatifs de l'habillement depuis 1846 jusqu'à nos jours.

Mais avant d'aller plus loin, jetons un regard sur le passé, et rappelons les tribulations des tailleurs dans l'exercice de leur profession.

Nous avons vu dans ce qui précède, quelle était la nature des entraves dans lesquelles se débattirent si longtemps les tailleurs, et nous avons exposé les raisons empruntées à deux ordres de faits différents qui s'opposèrent au développement de leur industrie.

Les rivalités de métier d'une part; de l'autre, les édits royaux qui apportaient chaque jour des restrictions à l'exercice de leur profession, et leur disputaient pied à pied les privilèges de leur corporation.

Ce luxe de règlementation était porté si haut et d'une manière si inintelligente, qu'il atteignit parfois les dernières limites de l'injuste et de l'absurde.

Faut-il rappeler cette ordonnance vexatoire qui forçait les tailleurs à couper ou à dresser sur un établi, en vue du peuple ; ces lettres patentes de 1404 qui ne forcent pas de payer la façon d'un habit mal coupé, mais, au contraire, obligent le tailleur à payer le prix de l'étoffe et, à côté de ces exigences ruineuses, le prix de façon fixé d'une manière si arbitraire et si dérisoire, qu'il était à peine suffisant pour les besoins de la vie ? Ainsi, il était pour Paris, de 60 sols pour les habits de maître, et de 20 sols pour ceux des valets. (Ordonnance du 17 janvier 1564.) Que pouvait gagner un malheureux tailleur qui, pour recevoir 60 sols, était exposé, en cas de malfaçon, à rembourser les matières premières qui pouvaient se monter à 40 ou 50 livres, et pouvait être responsable des enjolivements d'un habit, sur lequel, disait Bassompierre, en 1606, dans son journal, il y avait des jeunes gens assez fous pour ajouter une telle quantité de perles à la broderie, qu'il leur revenait souvent à 30,000 et 40,000 livres !

Mais ce n'est pas tout. Comme le tailleur jouissait de l'insigne faveur d'avoir dans ses ateliers 5 aunes d'étoffe en un ou plusieurs coupons, il était obligé de prouver que ce drap était bien de fabrique française ; qu'il avait subi toutes les épreuves si bien décrites ci-dessus, par les doléances d'un maître-juré tailleur.

Mais un point important reste à traiter.

Comme on le verra plus loin, lorsque nous aborderons la questions des salaires, ces salaires ont subi une progression constante, tandis que, à de rares exceptions près, les prix des habillements livrés à la consommation ont plutôt diminué qu'augmenté, en même temps que les dépenses et les frais généraux des maîtres tailleurs se sont élevés dans une grande proportion.

Dans ces dix dernières années, par exemple, les prix de vente sont restés les mêmes chez les grands tailleurs, et les salaires ont augmenté de 30 à 40 pour 100.

L'abaissement du prix des matières premières, a bien produit une compensation; ainsi l'Angleterre a importé en France, à des prix excessivement réduits, mais de qualités très-inférieures, des quantités considérables de tissus pour vêtements d'hommes; les producteurs français, stimulés par cette concurrence, ont cherché et trouvé des moyens de fabrication plus prompts, plus intelligents, plus économiques, et produisent aujourd'hui aux mêmes prix que l'*étranger*.

Mais cette compensation a été bien loin d'équilibrer l'augmentation des salaires qui suit une progression constante et ne touche pas encore au maximum.

Il convient donc de chercher dès à présent à faire face à cette éventualité menaçante.

Le seul remède est, suivant nous, une modification profonde, radicale dans l'industrie du tailleur.

CHAPITRE II.

DES TAILLEURS.

Nous avons, en commençant, déroulé le triste tableau de ces luttes et rivalités de corporations qui, sous l'ancien régime, avaient fait tant de mal à cette industrie ; nous nous retrouvons en face des mêmes dangers, avec des conséquences pareilles, mais produits par des causes différentes.

Deux éléments rivaux sont en présence : les tailleurs et les confectionneurs;

Les tailleurs, imbus de tous les anciens préjugés, fiers de leur antique origine, et se drapant dans la vieille réputation des tailleurs de Paris, corporation jadis considérable, ne voulant pas s'associer aux progrès dont ils méconnaissent la puissance ;

Les confectionneurs, au contraire, enfants du siècle, nés d'hier, travaillant toujours, étudiant sans cesse, s'assimilant tout ce que les tailleurs font de bien, divorçant avec les vieilles utopies, provoquant les innovations, tout en cherchant avec intelligence et activité à étendre le cercle de leurs relations. D'origine nouvelle, ils veulent, à force de sacrifices bien employés, lutter de front avec la vieille institution des tailleurs, institution tellement ancienne, que ces derniers la considèrent comme une espèce d'aristocratie.

La plupart des maisons de confection, non contentes de s'être ouvert des débouchés dans toutes les contrées du monde, travaillent aujourd'hui sur mesure, et font aux tailleurs, dont la quiétude est parfaite, une concurrence active et intelligente qui doit porter à ces derniers un grave préjudice.

Si les tailleurs de Paris ne se réveillent pas de leur torpeur ; s'ils résistent à l'exemple qui leur est donné ; si, à leur tour, ils ne viennent pas contrebalancer l'action de leurs intelligents rivaux ; s'ils ne se rappellent enfin qu'aucun monopole, aucun privilége ne les protége, c'en est fait de leur industrie, car, il est certain que, dans un temps plus ou moins éloigné, les confectionneurs deviendront les grands tailleurs fournisseurs de Paris. La plupart des chefs de ces maisons nouvelles disposent de grands capitaux, ils sont actifs, *négociants*, ils n'ont aucun des préjugés des tailleurs ; tout au contraire, ils ne veulent pas s'immobiliser dans le commerce d'habillements confectionnés ; chaque jour, ils attirent la clientèle qui s'habille sur mesure et ils arriveront à faire aussi bien que les tailleurs et à meilleur marché qu'eux. Nous allons en dire la raison.

CHAPITRE III.

DES CONFECTIONNEURS.

Les confectionneurs, disposant généralement, comme nous le disions, de capitaux considérables, font un chiffre d'affaires plus élevé que les tailleurs en chambre; ils peuvent donc acheter les soldes à plus bas prix et ont cet immense avantage de pouvoir donner du travail à leurs ouvriers pendant toute l'année; si la clientèle sur mesure vient à manquer, ils ont la ressource, toujours prête, de pouvoir fournir de l'ouvrage aux ouvriers, en faisant toujours confectionner à l'avance. Les prix de façon sont naturellement inférieurs à ceux des tailleurs, puisque les confectionneurs n'ont pas, comme leurs rivaux, quatre mois de morte-saison. Nous en avons eu la preuve dans les récentes coalitions qui se sont produites. Les ouvriers, occupés par les confectionneurs, ont continué leur travail, sans s'inquiéter de la grève, et il y a plus, c'est que beaucoup d'ouvriers, employés ordinairement par les tailleurs en chambre, ont été demander de l'ouvrage aux confectionneurs, et ont pu, par ce moyen, attendre plus patiemment la reprise du travail.

Que faut-il donc aux tailleurs pour soutenir la concurrence de leurs redoutables et dangereux rivaux? Faire de leur côté ce que les autres ont su faire du leur.

Les confectionneurs ont ajouté à leur commerce d'habillement, déjà si prospère, l'habillement sur mesure; que les tailleurs, à leur tour, joignent à leur industrie une certaine partie de l'habillement confectionné à l'avance, et ils auront sur leurs habiles concurrents des avantages considérables :

1º Leur expérience comme tailleurs;

2º Leur réputation si bien établie dans le monde entier pour le savoir, l'élégance, le fini du travail.

Ils couperont eux-mêmes, ce que ne peuvent pas faire les confectionneurs, qui ne sont pas tailleurs, ou ils feront couper sous leurs yeux; ils feront confectionner pendant la morte-saison par les ouvriers, qu'ils occuperont ainsi toute l'année et dont ils obtiendront un travail mieux fait et à meilleur compte; la clientèle, trouvant chez son tailleur ordinaire les mêmes avantages, comme prix, que chez les confectionneurs, et, en outre, ses vêtements mieux confectionnés, plus élégants et livrés aussi vite, lui donnera naturellement la préférence. Il restera donc aux tailleurs un avantage considérable et incontestable; car, chargés toujours de la partie la plus élégante de l'habillement, c'est-à-dire, des habits, des pantalons et des gilets habillés, que les confectionneurs ne peuvent guère leur disputer, ils feront, en outre, la fourniture de cette partie la plus considérable du vêtement, celle qui comprend les paletots, jaquettes, etc., etc., en un mot, tous ces costumes que la mode a consacrés depuis plusieurs années, et que rien n'empêche de faire à l'avance, puisqu'ils sont d'une vente assurée et plus lucrative que celle du vêtement habillé.

Nos conseils seront-ils entendus? nous en doutons. Les tailleurs d'aujourd'hui ont les mêmes préjugés que leurs devanciers, qui étaient constamment en guerre avec les fripiers; les fripiers sont devenus de grands confectionneurs, de grands négociants, de très-grands industriels; tandis que les tailleurs sont presque tous restés stationnaires, tels qu'ils étaient il y a vingt ans. Ils se croiraient déshonorés, si l'on pouvait les soupçonner de livrer aux consommateurs des habillements confectionnés.

Là cependant est le salut de leur corporation.

CHAPITRE IV.

ÉQUIPEMENTS MILITAIRES.

Une troisième industrie est venue se former à côté de celles du tailleur et du confectionneur. Nous voulons parler de l'habillement pour les armées.

Jusqu'en 1854, l'habillement pour l'armée française se faisait exclusivement dans les corps par les ouvriers militaires, formant les compagnies hors rang.

A cette époque, un atelier civil fut créé sous l'inspiration du ministère de la guerre; des essais répétés, considérables, furent tentés à l'aide de la machine à coudre; cent mille capotes et une grande quantité d'autres uniformes, furent établis en quelques mois et envoyés à l'armée de Crimée.

L'expérience ne paraissant pas suffisamment concluante à l'administration de la guerre, les ateliers furent dissous, et, c'est seulement en 1859, que l'on voit reparaître cette industrie, qui devient, en très-peu de temps, une des branches les plus importantes de notre commerce extérieur. Pourvu d'un magnifique outillage, dans un local admirablement approprié, l'établissement qui fut fondé en 1859 put, dès la première année, fournir à l'armée française plus de onze cent mille effets. Continuant son œuvre progressive, étendant son action à l'étranger, ayant en quelque sorte le monopole de l'habillement militaire pour plusieurs puissances, assuré du même monopole pour une grande partie de l'armée française, et ayant en conséquence la certitude de pouvoir entretenir une population ouvrière qu'on estime à plusieurs milliers, l'établissement put faire aux maisons étrangères, qui jusqu'alors avaient confectionné les fournitures pour les armées, une concurrence des plus redoutable, et on n'estime pas à moins de cinquante millions les fournitures faites à l'étranger pendant ces dernières années, et à la somme de vingt-cinq celles qui ont été faites à l'intérieur, ce qui a donné un total de plus de seize millions de salaires, dont la classe ouvrière a profité depuis 1859.

Le créateur du grand établissement dont il est question ici, en a quitté la direction il y a quelques mois ; mais l'habile propriétaire actuel, M. Godillot, ne peut que lui donner encore une plus grande extension. D'autres établissements, de moindre importance, se sont formés et viennent augmenter le chiffre de cette nouvelle industrie.

CHAPITRE V.

TAILLEURS POUR ENFANTS.

L'industrie de tailleur pour enfants existait à peine, il y a dix ans, sauf deux ou trois maisons seulement qui s'en occupaient pour la clientèle parisienne. Elle ne comptait pas dans le commerce général du pays et l'on n'en trouve aucune trace dans les statistiques établies depuis 1846.

Ce n'est donc qu'à l'Exposition de 1867 que cette nouvelle branche de l'industrie du tailleur s'est affirmée.

Plusieurs maisons importantes ont exposé des produits qui ont été examinés avec le plus grand soin, et le Jury a acquis la certitude que cette industrie naissante est appelée à jouer un très-grand rôle dans l'avenir.

Dès aujourd'hui, son chiffre d'affaire est évalué à plus de six millions. Cet apport au commerce n'est pas sans importance au point de vue du chiffre général des affaires des habillements confectionnés.

Tous ces points définis, il nous reste à établir, au point de vue de l'Exposition, la part qui revient à chaque nation dans les progrès qui se sont produits pendant ces dernières années.

Mais avant de nous livrer à ce travail, il convient d'établir la condition de l'ouvrier aux différentes époques que nous venons de traverser.

CHAPITRE VI.

DE L'OUVRIER ET DES SALAIRES.

Avant la Révolution, l'ouvrier faisait, comme le patron, partie des corporations; il avait les mêmes obligations que le maître, en ce sens qu'il ne pouvait changer de corporation ou se livrer à un travail autre que celui qui faisait le privilége de celle dans laquelle il était d'abord entré.

Il était plutôt l'esclave, le domestique du maître, son bien et sa chose, vivant sous sa dépendance complète, que son aide; car pour être reçu ouvrier, il fallait préalablement faire un long apprentissage, et aliéner pendant plusieurs années sa liberté sans recevoir aucun salaire.

L'ouvrier, reçu garçon ou compagnon tailleur, arrivait-il de province; il lui fallait, dès son arrivée, prendre maître, toujours dans sa corporation, dont il lui était interdit de sortir, et comme il demeurait chez son patron, qui ne pouvait en avoir qu'un nombre fixé par les édits, bien souvent l'ouvrier trouvait à peine à gagner le mince salaire qui était son partage.

Les priviléges des diverses corporations s'étendaient si loin que le finissage d'une pièce était le monopole d'un autre que celui qui l'avait cousue.

Aussi, quelle barrière infranchissable au développement de l'intelligence et du goût de l'ouvrier, qui ne pouvait jamais arriver à connaître toutes les parties de sa profession, et traînait fatalement une existence misérable! Encore, s'il avait pu espérer arriver un jour à la maîtrise par sa persévérance, son travail et sa conduite; mais non; cette porte aussi lui était fermée, car la maîtrise coûtait fort cher, et l'ouvrier ne pouvait évidemment réaliser des économies sur un salaire suffisant tout au plus aux besoins matériels.

Et d'ailleurs, les fils de maîtres succédaient presque toujours à leur père, et comme il fallait avant tout être agréé par les autres maîtres, ces derniers, jaloux de leurs priviléges, hautains, impérieux vis-à-vis de l'ouvrier, qu'ils considéraient comme un paria, ne l'auraient jamais admis parmi eux.

Aussi quelle haine implacable entre l'ouvrier et le maître, et que de représailles en 1789; avec quelle violence cette haine déborda pendant la Révolution!

Le calme rétabli, l'industrie arrêtée dans son essor sous la Terreur prit bien vite son élan. L'ouvrier tailleur pouvant désormais travailler à son gré, et entrevoir le jour où il deviendra peut-être patron à son tour, prouva, dès le premier jour, ce que peuvent l'intelligence, la force de volonté, avec la liberté du travail. Nous en avons pour exemple la plupart des tailleurs qui se firent un nom sous l'Empire et la Restauration. Ils avaient été ouvriers, et l'ancien régime les eût condamnés à l'impuissance et à l'ilotisme.

Voici le tableau des salaires payés aux ouvriers pendant les différentes époques que nous venons de traverser.

A la fin du XVIIe siècle, l'ouvrier tailleur, nourri et couché chez son maître, gagnait en moyenne, *par mois*, 50 sous.

A la fin du XVIIIe siècle, l'ouvrier tailleur libre, travaillant pour son compte, pouvait gagner en moyenne, par jour.................................... 1 fr. 75

En 1825, sous la Restauration......... 2 à 3
En 1830, sous l'Empire 3   4   50
En 1867   id.   4   7

Ce travail est établi, en moyenne, comme salaire pour tous les ouvriers indistinctement, mais il y en a qui gagnent moins que le minimum et d'autres plus que le maximum.

La machine à coudre est venue améliorer, dans une large proportion, la situation de la classe ouvrière, et on peut dire que cette classe a seule profité du perfectionnement de notre outillage. En effet, le maître tailleur n'a trouvé dans l'emploi de la machine qu'un seul avantage, celui de l'accélération du travail, de la régularité et de l'augmentation de la production.

Depuis l'adoption de la machine à coudre, en 1854, les salaires n'ont pas moins augmenté de plus de 30 pour 100, et comme la machine réduit le travail manuel et la dépense de force de l'ouvrier, en même temps qu'elle lui permet de produire davantage dans un même espace de temps, elle a été pour lui une amélioration réelle, et l'ouvrier laborieux et économe, qui a pu se procurer cet instrument de travail, a vu sa journée augmenter de 20 à 30 pour 100, et la femme de 30 à 40 pour 100.

L'ouvrier tailleur est intelligent; le travail en commun lui permet de s'occuper de questions économiques et sociales, et l'on voit souvent, dans les ateliers d'une certaine importance, un ouvrier payé par ses camarades pour faire, à haute voix, la lecture des journaux politiques, et des ouvrages traitant les questions sociales et économiques.

Les ouvriers tailleurs professent, en général, des opinions avancées, et, dans les manifestations politiques, on les a presque toujours trouvés au premier rang. La possibilité de discourir sans nuire à leur travail, leur donne une certaine facilité d'élocution; aussi, celui d'entre eux qui peut faire un discours est certain d'acquérir une grande influence, et, dans les réunions publiques, d'arriver au bureau et de dominer l'assemblée.

Si l'ouvrier tailleur professe des idées extrêmement libérales, si l'exaltation de son esprit le conduit souvent à des manifestations regrettables, reconnaissons bien vite qu'il est accessible aux sentiments les plus généreux. Il s'impose les plus grands sacrifices pour secourir ceux de ses camarades qui ne peuvent plus travailler. Rarement une souscription publique n'a lieu pour secourir une grande infortune, sans qu'on ne rencontre un concours empressé dans les ateliers d'ouvriers tailleurs. Malheureusement quelques proscrits volontaires exploitent à leur profit ces sentiments généreux et vivent à l'étranger dans l'oisiveté, pourvus de grosses listes civiles puisées dans la bourse des trop crédules et trop généreux ouvriers tailleurs.

L'ouvrier tailleur a des avantages marqués sur les ouvriers des autres industries.

Lorsqu'il est intelligent, actif et laborieux, rien ne lui est plus facile que de sortir de la classe ouvrière, pour devenir maître tailleur. S'il a de l'ordre et s'il est économe, il travaille d'abord en chambre et devient alors appiéceur, catégorie d'ouvriers extrêmement intéressante; il peut ensuite, petit à petit, se créer une clientèle. Nous en avons de nombreux exemples, car, parmi les tailleurs les plus en renom, parmi ceux qui ont fait les plus grandes fortunes, beaucoup ont commencé dans les conditions les plus modestes.

CHAPITRE VII.

STATISTIQUE DES TAILLEURS ET DES CONFECTIONNEURS.

Nous allons essayer de montrer la progression des affaires faites par les tailleurs et les confectionneurs pendant ces vingt dernières années, en faisant remarquer, toutefois, que les chiffres dont nous ferons usage sont plutôt au-dessous de la vérité qu'exagérés.

En 1827, il y avait à Paris 322 tailleurs seulement. Un seul faisait alors l'exportation. Il ne vendait que des vêtements de pacotille, peu propres à attirer l'attention sur les articles français. (*Statistique de la Chambre de commerce de Paris.*)

A cette époque, les affaires de l'exportation étant nulles, il est presque impossible d'établir le chiffre de celles qui incombaient aux tailleurs; mais, eu égard à leur petit nombre, ce chiffre devait être peu considérable.

Ce n'est qu'à partir de 1849, que le chiffre des tailleurs et des confectionneurs peut être établi sur des données sérieuses.

Les tableaux ci-après indiquent la progression du nombre et des affaires des tailleurs et des confectionneurs.

TAILLEURS.		
ANNÉES.	NOMBRE.	CHIFFRES D'AFFAIRES.
1846................	895	45,000,000f
1849................	850	40,000,000
1856................	1,125	55,000,000
1860................	1,350	65,000,000
1866................	1,720	90,000,000

Nous avons dit que l'industrie des tailleurs était menacée dans son existence et dans son avenir par l'indifférence dont ils font preuve en présence de la concurrence redoutable des maisons de confection, et par leur apathie à lutter contre leurs envahissements, et nous constatons cependant les progrès de leur industrie.

Hâtons-nous de dire que cette contradiction n'est qu'apparente et prouvons le.

Deux faits sont venus au secours des tailleurs.

En premier lieu, les traités de commerce qui ont ouvert des débouchés plus considérables, en levant les entraves qui s'opposaient à leur développement industriel.

Puis les chemins de fer, qui, par leurs communications rapides, ont rapproché les distances, permis aux nationaux et aux étrangers de visiter plus facilement Paris, pour en admirer les splendeurs et les embellissements toujours nouveaux ; Paris qu'une volonté puissante, s'inspirant d'une initiative auguste, veut régénérer, afin que la capitale de la France soit la capitale du monde civilisé et la première des merveilles modernes. Ils rapportent dans leur pays des habits faits à la dernière mode, et créent aux tailleurs consciencieux des débouchés que leur habileté sait transformer en clientèle sérieuse et fidèle.

CONFECTIONNEURS.				
ANNÉES.	NOMBRE.	CHIFFRE D'AFFAIRES.	AFFAIRES de la CONFECTION militaire.	TOTAUX.
1846......	190	30,000,000	»	30,000,000
1849......	180	25,000,000	»	25,000,000
1855......	270	42,000,000	2,000,000	44,000,000
1860......	322	50,000,000	6,000,000	56,000,000
1866......	420	100,000,000	9,000,000	109,000,000

Dans la statistique établie en 1860, nous trouvons six maisons faisant 1,300,000 francs chacune ; en 1866, nous en rencontrons plus de six faisant 3 millions chacune, et une dépassant 12 millions.

La même progression se poursuit dans les autres appréciations, aussi bien sous le rapport du chiffre des affaires que sous celui du nombre des confectionneurs qui a presque doublé, si nous y comprenons les marchands de nouveautés ayant ajouté à leur commerce l'industrie de la confection.

En prenant pour base ces calculs qui nous semblent au-dessous de la vérité, nous trouvons qu'en 1866 il y a plus de 1,720 tailleurs payant patente, et que le chiffre de leurs affaires s'élève à 90 millions, ci.............   90,000,000 fr.

A ces 1,720 tailleurs, il faut ajouter les confectionneurs pour enfants, dont les affaires, pour cette année, s'élèvent à   6,000,000
et les confectionneurs civils et militaires, dont le chiffre total est de.................... 109,000,000

Or, nous obtenons la somme de .... 205,000,000 fr.
que nous allons répartir sur toutes les matières premières employées par notre industrie, pour faire ressortir ensuite ce qui est alloué à la main d'œuvre, et, enfin, les bénéfices bruts.

Tissus de laine foulée en tous genre................ 60,000,000 fr.
Tissus de laine non foulée........................ 14,000,000
Tissus de soie.................................... 12,000,000
Tissus de fil.....................................   8,500,000
Tissus de coton...................................   8,500,000
Passementerie et boutons..........................   4,000,000

             TOTAL des matières premières..... 107,000,000 fr.

Main-d'œuvre. { Y compris la plus value sur la main d'œuvre de la confection militaire; la maison dont nous avons parlé à ce sujet, faisant les 3/4 de ses affaires à façon, c'est-à-dire, que le Gouvernement lui fournissant toutes les matières premières, cette confection donne relativement à la main-d'œuvre un plus grand produit que la confection civile... 53,000,000
             Bénéfice brut...... 45,000,000

             TOTAL...... 205,000,000 fr.

Nos appréciations nous donnent, pour l'année 1866, un chiffre total de 42,000 ouvriers, dont 34,000 hommes et 8,000 femmes, travaillant, soit dans leur famille, soit dans les ateliers ; nous allons estimer le salaire de chaque catégorie, basé sur les 53 millions alloués à la main-d'œuvre sur le chiffre de 205 millions.

Il résulte de nos calculs que les ouvriers hommes gagnent, en moyenne, par jour .... 4 fr. 63 c.
et les ouvrières .... 2 fr. 30 c.

Il y a donc eu, pendant ces six dernières années, un accroissement sensible dans la moyenne des salaires; mais il convient de faire remarquer que, dans la somme de 205 millions, la confection militaire figure pour le chiffre de neuf millions (9,000,000.)

CHAPITRE VIII.

DES COUTURIÈRES.

Nous avons évalué ci-dessus le chiffre général des affaires des tailleurs et des confectionneurs en prenant pour base le commerce de Paris seulement. Nous allons suivre le même système dans le développement de nos appréciations sur l'habillement des femmes.

Après avoir lutté avec persévérance contre les maîtrises des tailleurs qui prétendaient avoir seules le privilége de faire des vêtements de femmes, les couturières obtinrent gain de cause, et, en 1675, leur profession fut érigée par Louis XIV en titre de maîtrise jurée.

Il est utile de rappeler ici les termes de l'édit royal :

« Considérant aussi qu'il étoit dans la bienséance et convenable à la pudeur et à la modestie des femmes et filles, de leur permettre de se faire habiller par des personnes de leur sexe..... »

Après ce considérant qui invoque à juste titre la pudeur, la bienséance et la modestie, pour autoriser les couturières à s'ériger en maîtrise et à pouvoir habiller les personnes de leur sexe, comment expliquer qu'il leur fut néanmoins interdit de confectionner les corps de robes, pour lesquels les tailleurs conservèrent le privilége jusqu'en 1781 ?

A cette époque seulement, les couturières obtinrent l'autorisation exclusive d'entreprendre, tailler, coudre, garnir et vendre toutes sortes de robes et d'habillements neufs de femmes, de filles et d'enfants.

Il ne faut pas croire, cependant, que ces nouveaux priviléges furent accordés aux couturières d'une manière générale et sans réserves; l'antique corporation des tailleurs résistait, et avait encore de quoi triompher, car, sous prétexte qu'ils souffraient, ainsi que nous l'avons vu, des restrictions imposées à leur commerce, en leur interdisant, par exemple, d'avoir chez eux plus de 5 aunes d'étoffe de la même nature, ils exigèrent que les couturières fussent frappées des mêmes interdictions, et obtinrent l'insertion de l'article 4 dans les statuts de la maîtrise des couturières qui leur défendait de tenir dans leur boutique aucune étoffe en pièce, aussi bien que d'en faire le commerce.

Les couturières protestèrent contre ces restrictions, mais ce fut en vain :

« Il nous est permis, disaient-elles, comme à toute personne, soit de faire venir en droiture, soit d'acheter chez les marchands toutes sortes d'étoffes en pièce, puisque sans cela, nous ne pouvons user du droit d'entreprendre et de vendre des robes neuves; c'est même l'avantage du public, en ce que cela nous met à même de procurer et de donner à meilleur marché les vêtements tout faits. »

Afin de faire comprendre l'insistance des couturières pour avoir le droit de confectionner les robes de femmes, il est utile de dire quelle était alors la composition de la toilette féminine, et en quoi elle différait de celle des hommes.

Dans les portraits en pied du temps, on voit qu'au XVIe siècle, la mode pour les hommes était :

« La draperie large et flottante des manches, opposée à la draperie du corps, tendue, serrée, écourtée au-dessus des hanches; aucun principe, aucun goût pour la forme des chausses à la gigotte; le haut, enflé par de légères lames de fer, est large, bouffant jusqu'aux genoux; le bas est collant et à pli de jambes. »

Pour l'habillement des femmes, ce sont des étoffes plus douces, plus légères, plus fines :

« D'une couleur plus délicate, d'un dessin plus gracieux, considéré dans son ensemble, ce bel habillement a la forme d'une horloge de table, ou de deux cloches jointes par leur sommet.

« Le corps de robe très-serré aussi à la ceinture, tendu sur le corset de baleine, va de même en s'élargissant jusqu'aux épaules, où par le développement de la fraise, il prend encore une plus grande ampleur. On ne cesse de crier contre les toilettes actuelles. » est-il dit dans l'ouvrage de Delamarre, à l'article vertugadins, « je ne sais en vérité pourquoi, car depuis l'invention des cerceaux de baleine, des busques et des vertugadins, les femmes n'ont jamais été *mieux gardées*, n'ont jamais été habillées d'une manière plus respectable : il le faut, car elles n'ont jamais été plus jolies. — C'est peut-être encore à observer qu'on est moins rigoureux sur l'habillement légal des femmes; qu'au jour présent, quand elles sont trop bien habillées, ou trop bien coiffées, on ne les fait plus conduire en prison par quarantaines à la fois. » (*Journal de Henri III*.)

« Il en coûtait beaucoup pour avoir des ceintures d'argent; il en coûte beaucoup moins pour avoir des ceintures en étain qui ressemblent à celles en argent, et pour qu'elles y ressemblent encore davantage, on les a faites à grillages appliqués sur satin, sur velours. » (Ordonnance de décembre 1598 relative aux statuts des ceinturiers en étain.)

Ainsi, il y a près de deux cents ans, les couturières, voulant faire de la confection, protestaient contre les injustes restrictions apportées à leur commerce, et leurs protestations restaient sans effet.

Entravées par les priviléges qui opposaient une barrière infranchissable à tous les progrès et à l'initiative personnelle, les couturières durent se résigner à travailler à façon, mais elles n'en maintinrent pas moins haut les modes françaises, et elles imposèrent leur goût au monde entier.

La conséquence des réglementations fut de paralyser longtemps l'essor de l'industrie nouvelle, en la privant du débouché extérieur qu'elle eût trouvé si elle eût été protégée.

Pour répandre à l'étranger les modes françaises, on fut obligé de recourir à un expédient et de prendre un biais. On eut l'idée d'habiller des poupées et de les expédier dans tous les pays, pour y faire connaître les modes nouvelles.

Les restrictions apportées au commerce international étaient si vexatoires, que l'on fut presque obligé de renoncer à ce mode de commerce déguisé, et nous en avons pour preuve les pourparlers qui, au moment de la guerre d'Espagne, eurent lieu entre les cabinets de Versailles et de Saint-James, qui négocièrent gravement, l'un pour obtenir, l'autre pour accorder un sauf-conduit à une poupée qui portait de l'autre côté de la Manche la dernière mode de la cour de France !

Chose singulière ! Lorsque la révolution de 1789 eut émancipé l'industrie, les couturières n'usèrent pas de cette liberté du travail — si chèrement acquise — et depuis si longtemps poursuivie. Aucune entrave n'étant plus apportée à leur commerce, elles purent, il est vrai, fournir les étoffes à leur gré ; mais elles ne songèrent plus, à faire, d'avance, des habillements confectionnés. Elles restèrent donc couturières, travaillant à façon ou fournissant quelquefois les étoffes, abandonnant la confection pour femmes à une autre industrie, qui créa cette spécialité, devenue depuis si prospère.

De nos jours, le commerce des couturières tend à se déplacer et à devenir une seconde fois le privilége des hommes.

Sous Louis XIV, on a reconnu « qu'il était bienséant et conforme à la pudeur » que les femmes fussent habillées par des femmes, et, par respect pour la morale, on n'a pas hésité à briser des droits acquis, en retirant aux tailleurs, qui en jouissaient depuis longtemps, le droit d'habiller les femmes.

Aujourd'hui que les professions sont libres, il semblerait naturel que les femmes se fissent habiller par des femmes.

Convenons qu'il est au moins singulier de voir des hommes présider aux toilettes des femmes, même de celles du plus grand monde, et devenir arbitres de la mode ; convenons qu'il est étrange qu'un homme chiffonne de la gaze, place des rubans et des fleurs sur le corsage d'une robe.

C'est là un usage qui, nous l'espérons, ne se généralisera pas, non-seulement parce qu'il est contraire à la bienséance et à la pudeur, mais encore parce que la femme a, suivant nous, plus d'aptitude et de goût pour les détails de cette industrie.

Laissons aux hommes le soin d'administrer les maisons importantes et aux femmes le titre et les fonctions que nous réclamons pour elles.

En prenant à différentes époques le nombre des couturières pour en établir la progression, nous remarquons qu'il n'a pas augmenté dans la même proportion que dans les autres industries.

Ainsi il y avait :

En 1754, Maîtresses couturières			1,500
En 1780,	—		2,000
En 1849,	—		2,500
En 1860,	—		3,000
En 1866-67,	—		4,000

Nous ne croyons pas que le nombre de couturières, travaillant seules, ait sensiblement augmenté depuis 1860 ; mais le chiffre d'affaires qui était, pour cette année, estimé à 19 millions de francs a plus que doublé. Cela tient à ce que l'on rencontre aujourd'hui un très-petit nombre de couturières travaillant à façon, et qu'il existe des maisons d'une grande importance dont les affaires sont évaluées à un, deux et même trois millions.

Nous estimons donc, qu'en 1866, le nombre des couturières travaillant pour leur compte, peut être porté à 4,000, employant environ 14,000 ouvrières qui, en moyenne, reçoivent un salaire de 2, 50 à 3 francs, et faisant un chiffre d'affaires de 40 millions.

CHAPITRE IX.

CONFECTIONS POUR FEMMES.

Le commerce de confection pour femmes n'a réellement commencé qu'en 1845. Avant cette époque, quelques maisons confectionnaient des crispins, des spencers, des mantelets; mais ces articles, vendus au détail par trois ou quatre maisons de nouveautés, ou expédiés en province et à l'étranger comme modèles, ne constituaient pas une branche de commerce. A partir de ce moment, et surtout depuis les traités de commerce, cette industrie a pris une extension considérable; nous la voyons grandir tous les jours, et elle est arrivée à former aujourd'hui une des branches importantes du commerce parisien.

Nous ne sommes pas éloignés de l'époque où l'on refusait d'admettre aux expositions des articles de confection pour femmes; mais les temps sont bien changés. L'Exposition de 1867 est une éclatante démonstration que cette industrie mérite un classement hors ligne, par l'importance des maisons qui ont exposé, aussi bien que par la richesse et la variété de leurs produits.

Nous en trouvons la preuve dans la curiosité du public nombreux et distingué qui se presse aux vitrines de cette classe; nous le voyons aussi par les affaires considérables qui se traitent d'après les modèles exposés, et enfin par le suffrage de tous les membres du Jury, qui ont déclaré qu'aucun autre pays ne pouvait venir en concurrence avec la confection française.

Les autres nations n'ayant pas exposé de confection pour femmes, nous avons dû borner nos appréciations à l'Exposition française, en regrettant toutefois de n'avoir pas sous les yeux des produits similaires étrangers à opposer aux nôtres, afin d'avoir un point de comparaison.

Depuis 1846, plusieurs maisons spéciales de confection se sont créés; l'une d'elles a atteint un chiffre d'affaires de 3 millions de francs; plusieurs font plus d'un million. En outre, un grand nombre de maisons de nouveautés possèdent des comptoirs spéciaux de confection pour femmes, et atteignent aussi un chiffre d'affaires considérable.

Nous devons constater ici, que dans le chiffre d'affaires qui classe la confection pour femmes au rang des grandes industries parisiennes, figurent un grand nombre de confections qui sont expédiés, comme modèle, dans toutes les parties du monde, à cause des prohibitions ou des droits énormes qui empêchent encore l'introduction de nos articles dans certains pays.

Prohibés, par exemple, en Espagne, nos vêtements confectionnés payent, en Portugal, 80 pour 100 de droit, et dans beaucoup d'autres pays, 25, 30, 50 et même 75 pour 100 de droit.

Si le gouvernement entrait encore plus avant dans la voie large et libérale qu'il a inaugurée par les traités de commerce, la confection parisienne prendrait un essor considérable. Nous n'osons pas fixer le chiffre des affaires qu'elle serait en droit d'espérer; mais nous pouvons juger, par l'essor qu'elle a pris depuis quelques années, celui qu'elle doit prendre dans l'avenir.

Le chiffre d'affaires de la confection pour femmes peut être évalué pour 1866-1867 à 55 millions de francs; le salaire entre pour une moyenne d'environ 25 à 30 pour 100. Le nombre des ouvriers et ouvrières peut être établi à 17,000.

Tout en fixant, comme nous l'avons fait plus haut, le nombre des ouvrières en robes, nous croyons qu'il est plus sage et plus conforme à la vérité de résumer, dans une seule appréciation, le chiffre d'affaire des couturières, des confectionneurs d'habillements de femmes et celui des ouvrières travaillant pour ces deux industries similaires.

Dans la statistique générale établie par la Chambre de

commerce de Paris, l'importance des affaires était estimée, pour 1860, à 27,765,000 fr.

D'après les renseignements que nous avons pris, nous n'hésitons pas à estimer le chiffre des affaires pour 1866-1867, au double, c'est-à-dire à 55 millions.

En réunissant les affaires, en général, faites en 1866, 1867,

Par les couturières, à.................. 40,000,000 fr.
Par les confectionneurs, à............. 55,000,000

nous trouvons la somme ronde de....... 95,000,000 fr.

A l'égard des matières employées par les couturières et les confectionneurs pour femmes, il est impossible de procéder, comme nous l'avons fait pour les tailleurs, à la décomposition des étoffes, de leur nature et de leurs prix. La diversité des tissus est très-grande, et vient de ce que, d'une saison à l'autre, il y a abandon de tel ou tel tissu pour revenir à tel ou tel autre passé de mode naguère.

Toute industrie régie par la mode est tellement variable que les produits qu'elle emploie sont inappréciables et échappent à toute analyse.

Nous espérons avoir prouvé, par le travail qui précède, que nous étions dans le vrai, en affirmant que l'industrie de l'habillement est la plus considérable du monde entier.

En est-il une seule, en effet, qui puisse placer en ligne un chiffre total d'affaires comparable à celui que nous avons indiqué; en est-il une seule qui, dans une ville comme Paris, donne du travail à près de 75,000 ouvriers et ouvrières, c'est-à-dire au vingtième environ de la population de Paris, et répartisse un salaire de plus de 80 millions ?

Si, d'un autre côté, on étudie la question au point de vue de la famille, de l'humanité et de la morale publique, les conséquences et les bienfaits de cette industrie sont incalculables.

La femme mariée ne trouve-t-elle pas un travail suffisamment rémunérateur dans la confection de l'habillement, et ce travail qu'elle peut accomplir dans son ménage, tout en soignant ses enfants, tout en préparant, au foyer domestique, les aliments de son mari et de la famille, n'apporte-t-il pas dans l'intérieur du ménage une aisance réelle et appréciable? La jeune fille trouve dans le travail au sein de la famille, ou en commun dans l'atelier, avec des personnes de son sexe, un salaire plus élevé que dans les autres industries, et n'a pas à redouter les conséquences fâcheuses et immorales produites par ces agglomérations de femmes, de jeunes filles, de vieillards et de jeunes gens travaillant tous ensemble dans les mêmes ateliers.

Si, enfin, on examine la question au point de vue industriel et du résultat économique, on est frappé tout d'abord de la quantité énorme de tissus de toute sorte employés par la confection, et dont le chiffre peut être évalué à 150 millions pour Paris seulement, dans lesquels entrent au moins 40 millions destinés au commerce extérieur, dû en grande partie à l'industrie parisienne de l'habillement.

Il est indiscutable, en effet, que si cette industrie n'existait pas, au point de vue du commerce extérieur, c'est-à-dire si on ne donnait pas, dans le monde entier, la préférence aux modes parisiennes, qui justifient leur réputation sous tous les rapports, il n'y aurait pas de raison pour que nos tissus en pièces, qui ne sont pas toujours supérieurs aux tissus étrangers, soient si recherchés; l'industrie de l'habillement peut donc revendiquer, à bon droit, une part considérable dans la fabrication de toutes les matières servant à l'habillement; elle est certainement la cause principale de la prospérité de nos grandes industries de tissus. Ces conséquences sont dues à toutes les causes que nous venons d'énumérer, et aussi — ne l'oublions pas — aux hommes qui ont pris une si large part dans les progrès dernièrement accomplis dans l'industrie de l'habillement pour hommes et pour femmes.

Si, prenant pour base les 40 millions de tissus exportés par le commerce de l'habillement, que l'on doit à l'initiative des tailleurs et des confectionneurs, on fait ressortir la main-d'œuvre de ces 40 millions de matières brutes transformées en tissus, on reconnaîtra encore que cette prospérité du travail national est l'œuvre de l'industrie de l'habillement.

CHAPITRE X.

DES RÉCOMPENSES.

1° Exposants.

Les produits exposés dans la classe 35 se divisent en neuf sections principales et distinctes :

1re SECTION. — Habits d'homme.
2e   —   — Habits de femme.
3e   —   — Coiffures de femme.
4e   —   — Fleurs artificielles.
5e   —   — Plumes de parure.
6e   —   — Chapeaux d'homme.
7e   —   — Casquettes et autres coiffures d'homme.
8e   —   — Chaussures.
9e   —   — Ouvrages en cheveux.

Les deux premières sections (habillements des deux sexes) sont les seules qui soient traitées dans le présent rapport. Les autres sections sont l'objet de rapports spéciaux.

Tableau par nature d'industrie des exposants du Groupe IV.
Classe 35 (habillements des deux sexes).

DÉSIGNATION des NATIONS	ROBES ET CONFECTIONS pour dames	VÊTEMENTS CONFECTIONNÉS pour dames	VÊTEMENTS CONFECTIONNÉS	VÊTEMENTS CONFECTIONNÉS pour dames et enfants	VÊTEMENTS CONFECTIONNÉS pour hommes et enfants	VÊTEMENTS CONFECTIONNÉS pour hommes	VÊTEMENTS CONFECTIONNÉS pour hommes, femmes et enfants	VÊTEMENTS CONFECTIONNÉS pour ecclésiastiques	VÊTEMENTS CONFECTIONNÉS pour militaires	VÊTEMENTS CONFECTIONNÉS imperméables pour hommes	VÊTEMENTS DE PEAU	LIVRÉES	VÊTEMENTS pour enfants	VÊTEMENTS HISTORIQUES, de fantaisie ou nationaux	BURNOUS, HAÏKS, KIAS	TOTAL
France	6	27	2	3	3	45	1	1	1	4	2	1	4	1	1	95
Algérie	»	»	»	»	»	3	»	»	»	»	»	»	»	»	36	39
Pays-Bas	»	»	»	»	»	4	»	»	»	»	»	»	»	1	»	5
Belgique	»	1	»	»	1	3	1	»	5	3	»	»	1	»	»	15
Wurtemberg	»	»	»	»	»	2	»	»	»	»	»	»	»	»	»	2
Autriche	»	»	»	»	»	4	»	»	1	»	»	»	»	»	»	5
Suisse	»	»	»	»	»	»	»	»	»	»	»	»	»	»	»	»
Espagne	»	»	»	»	»	3	»	»	1	»	»	»	»	»	»	4
Portugal	»	»	»	»	»	»	»	»	»	»	»	»	»	»	»	»
Grèce	»	»	»	»	»	»	»	»	»	»	»	»	»	»	»	»
Danemark	»	1	»	»	»	1	»	»	1	»	»	»	»	»	»	3
Suède	»	»	»	»	»	3	»	»	»	»	»	»	»	»	»	3
Russie	»	»	»	»	»	8	»	»	1	»	»	»	»	»	»	10
Turquie	»	»	»	»	»	»	»	»	»	»	»	»	»	1	»	1
Italie	»	»	»	»	»	32	»	»	2	»	»	»	1	10	»	63
Égypte	»	»	»	»	»	»	»	»	»	»	»	»	»	»	»	3
États-Unis	»	1	»	»	»	3	»	»	1	»	»	»	»	1	»	4
Angleterre et Colonies	1	4	2	»	»	2	1	»	1	2	»	»	»	2	»	3
TOTAL	**7**	**34**	**4**	**3**	**4**	**75**	**3**	**1**	**15**	**9**	**1**	**6**	**15**	**37**	**211**	**211**

RÉCAPITULATION.

France	35	} 74
Algérie	39	
Étranger		137
TOTAL		**211**

Si nous jugeons des progrès de l'industrie qui nous occupe par le nombre des exposants et par les articles exposés, la France occupe certainement la première place ; c'est incontestable et incontesté ; messieurs les Jurés internationaux ont été unanimes pour le reconnaître.

L'Angleterre marche avant nous pour son commerce extérieur de confections, si nous prenons pour base le chiffre de ses exportations de Londres seulement.

Mais l'Angleterre n'a, pour ainsi dire, rien exposé. Cependant, un industriel très-connu, principalement pour la confection des uniformes, M. Tait, a créé à Limerick (Irlande) un vaste établissement où il emploie plusieurs milliers d'ouvriers. Il a exposé quelques uniformes ; mais cette exposition, trop restreinte, ne donne, en aucune manière, une idée de l'importance de cette maison.

En dehors de cette exposition, rien qui soit digne d'une citation, nous le regrettons sincèrement. Nous aurions voulu voir concourir à notre magnifique exposition ces grands confectionneurs anglais dont les affaires annuelles sont évaluées souvent à 10, 20 et même à 30 millions de francs.

Ces abstentions sont d'autant plus regrettables que, si nos maisons françaises ne peuvent encore lutter avec celles de Londres quant au chiffre des affaires, elles peuvent certainement, et c'est notre conviction profonde, donner la preuve irrécusable que si leur production est moindre, leur travail est mieux fait, et qu'elles peuvent livrer leurs produits à la consommation à un aussi bas prix que leurs concurrents anglais.

§ 1er. Médailles d'or.

Le Jury international de la classe 35, ayant reconnu à l'*unanimité*, le mérite exceptionnel de la *Confection parisienne*, a décerné à cette industrie, pour être déposée à la chambre du commerce de Paris, une *grande médaille d'or de 1re classe*.

L'exposition de l'empire d'Autriche est aussi extrêmement remarquable. Tous les articles qui ont passé sous les yeux du Jury sont irréprochables et d'un prix excessivement réduit. Plusieurs maisons importantes ont pris part à notre exposition et se sont signalées par le goût et un travail parfaits. Nous sommes heureux de leur prédire un grand avenir industriel, et c'est avec une bien grande satisfaction que nous avons décerné au syndicat des confectionneurs de Vienne (en dehors de toute récompense individuelle) *une grande médaille d'or*.

La Belgique a été parfaitement représentée par une maison considérable de Bruxelles, celle de MM. Dardenne et Nathan. Cette maison a créé, avec une rare intelligence, l'industrie de l'habillement militaire, et elle atteint un chiffre d'affaires très-élevé.

Il nous est difficile d'apprécier au juste les affaires faites par la Belgique dans l'industrie de l'habillement civil; mais elles sont relativement très-élevées, eu égard à la population, et nous ne croyons pas nous tromper en la plaçant au premier rang après la France et l'Angleterre.

La Turquie a exposé une collection d'habillements nationaux d'une très-grande richesse, mais n'ayant aucune importance au point de vue de la confection. Le grand mérite de cette exposition réside dans les broderies, qui sont exceptionnelles, mais que nous n'étions pas chargés d'apprécier.

Les autres nations n'ont rien exposé de remarquable, excepté toutefois le Portugal, qui mérite d'être cité pour ses confections, et dont une maison fait un chiffre important d'affaires.

La France doit donc figurer au premier rang pour son exposition; ce sont ses produits qui vont nous servir de base pour établir la progression constante de l'industrie de la confection et le chiffre énorme de ses affaires. Chiffrer le commerce des tailleurs de toutes les nations serait chose impossible; nous ne possédons pas d'éléments assez complets, et les eussions-nous, il faudrait aligner tant de millions que, même en restant au-dessous de la réalité, nous serions certainement taxés d'exagération.

Nous prendrons, disons-nous, pour base le commerce de Paris, et il sera facile d'établir une comparaison, en sachant que celui de Londres est à peu près de 30 pour 100 au-dessus de celui de Paris, et celui de Vienne à peu près de 50 pour 100 au-dessous.

§ 2. Médailles d'argent.

J.-B. Bouillet, 24, rue Notre-Dame des Victoires. — Confection pour dames. (Groupe IV, classe 35; n° 5 du Catalogue.)

La maison date de 1845; son origine est due à la courageuse et intelligente madame Bouillet qui, à cette époque, dirigeait un atelier de 20 ouvrières travaillant pour la confection.

Mariée à J.-B. Bouillet, employé de commerce, doué, lui aussi, d'une rare énergie et d'une grande activité, le petit atelier devait être ce qu'il est devenu en effet, une maison de premier ordre.

En 1855, la maison Bouillet obtint une médaille de 1re classe, et à l'Exposition de Londres le *prize medal* motivé par cette appréciation du Jury :

« C'est à la maison Bouillet que reviennent les honneurs de l'exposition, en fait de confection pour dames. »

C'est aussi à la maison Bouillet que, en 1867, nous avons décerné la première médaille d'argent, et le Jury, unanime pour accorder cette récompense la plus élevée dont il pouvait disposer, n'a pas été dirigé seulement, dans son appréciation, par le mérite des objets exposés, il a voulu récompenser les chefs honnêtes d'une maison respectable.

M. et Mme Bouillet ne sont pas seulement les chefs d'une grande maison, ils en ont été les créateurs, et, se souvenant de leur origine, ils ont constamment aidé et protégé les ouvrières intelligentes et honnêtes. Leur maison est un modèle d'organisation; grâce à des primes sagement distribuées, ils ont fait de leur personnel une grande famille; ils occupent plus de 800 ouvrières gagnant, en moyenne, 3 fr. 25 c.; plus, 50 employés, constamment occupés des soins à donner à ce vaste établissement, sont intéressés pour 25 pour 100 dans les bénéfices.

Le chiffre des affaires de la maison Bouillet qui, en 1855, était de 600,000 fr., s'est augmenté graduellement, et atteint aujourd'hui près de 3 millions de francs.

Nous ajouterons encore que 30 à 40 jeunes personnes, de famille honorable, vivent de la vie d'intérieur, sous la direction de madame Bouillet, et arrivent graduellement à des emplois supérieurs et à gagner de 2,000 à 5,000 francs.

Doucet, ancienne maison spéciale de lingerie pour dames, 21, rue de la Paix. (Groupe IV, classe 35; n° 3 du Catalogue.)

La maison Doucet a joint depuis peu de temps à son commerce principal de haute nouveauté en lingerie pour dames un comptoir spécial de confection pour dames; c'était une excellente idée de l'intelligent propriétaire de cette maison de premier ordre; aussi le succès est-il venu couronner sa nouvelle entreprise, et le chiffre d'affaires de la confection a-t-il atteint dès la seconde année près d'un demi-million.

Les objets exposés par la maison Doucet se font remarquer par la distinction, l'élégance des formes, le fini de la confection et sont destinés aux femmes du plus grand monde; l'exécution du travail ne laisse rien à désirer, et les ouvrières reçoivent un salaire élevé.

Le Jury a été heureux de décerner à la maison Doucet une médaille d'argent.

Mme **Gossein-Jodon.** *A l'Éclair*, 11, boulevard des Capucines. — Confections pour enfants. (Groupe IV, classe 35; n° 31 du Catalogue.)

Cette maison est une des plus anciennes de Paris; l'une des premières, elle a pris l'initiative de la confection pour enfants et elle est parvenue à donner à cette spécialité une grande extension.

Les produits exposés ne laissent rien à désirer sous le rapport de la confection et de l'élégance.

Mme Gossein-Jodon occupe 50 employés et 60 ouvrières travaillant toute l'année et gagnant en moyenne 3 à 3 fr. 25 c. par jour.

Le Jury a été heureux de pouvoir décerner à cette maison une médaille d'argent.

MM. **Morlent** et **Jaussens**, 33, galerie d'Orléans, Palais-Royal, Paris. — Confections pour hommes. (Groupe IV, classe 35; n° 23 du Catalogue.)

Cette maison a succédé à M. Mack, tailleur, qui a laissé dans cette corporation une réputation des plus honorablement acquises.

Ses successeurs ont marché sur ses traces, et leur établissement n'a fait que prospérer sous leur habile direction; aussi les voit-on classé parmi les bonnes maisons de Paris, et faisant un chiffre d'affaires respectable.

L'organisation de cette maison est parfaite; le travail est suffisamment rémunéré; les objets exposés ne laissent rien à désirer, et c'est à *l'unanimité* que le Jury a décerné à MM. Morlent et Jaussens la médaille d'argent de 1re classe.

Enout et Cie, 25, place Vendôme. (Groupe IV, classe 35; n° 1 du Catalogue.)

Cette maison est de création nouvelle. Dirigée avec intelligence, elle a vite atteint un chiffre d'affaires considérable, environ 500,000 francs.

Elle pourrait être classée parmi les maisons qui travaillent sur mesure ; les prix sont élevés, et les affaires, encore sans importance au point de vue extérieur, doivent prendre une grande extension.

L'organisation du travail est bonne et le salaire très-élevé.

Le Jury a cru devoir décerner à la maison Enout et Cie une médaille de 1re classe.

MM. **Mathieu** et **Garnot**, 20, boulevard Poissonnière, Paris. — Confections pour femmes et enfants. (Groupe IV, classe 35 ; n° 4 du Catalogue.)

Cette maison est une de celles qui ont commencé à donner au commerce d'exportation des habillements confectionnés, une grande extension, développant principalement ses relations dans les Amériques du Sud.

Son chiffre d'affaires atteint aujourd'hui plus de 1 million. C'est dans ces conditions que le Jury était appelé à apprécier les objets exposés par cette maison.

Chaque objet était confectionné commercialement, c'est-à-dire que, pris au hasard dans les effets prêts à être expédiés, il représente bien les produits commerciaux ; la confection est irréprochable, faite avec grand soin, et les prix de vente très-consciencieusement établis.

L'organisation du travail ne laisse rien à désirer, et la main-d'œuvre est suffisamment rétribuée.

Elle a reçu, à toutes les expositions précédentes, la première récompense ; le Jury a été heureux de lui décerner, cette fois encore, une médaille de 1re classe.

Maison **Opigez-Gagelin** et Cie, 83, rue Richelieu, Paris. — Confections pour femmes. (Groupe IV, classe 35 ; n° 35 du Catalogue.)

Cette maison, fondée en 1828, peut, à juste titre, revendiquer l'honneur d'avoir créé, en France, l'industrie des nouveautés confectionnées et d'avoir importé les broderies de l'Inde. 700,000 modèles reproducteurs sont expédiés par elle dans le monde entier. Une quantité considérable de gravures et de journaux de modes reproduisent les innovations de cette maison et portent les modes françaises dans toutes les parties du globe.

Un atelier de 80 à 100 ouvrières a été installé dans la maison ; elles travaillent toute l'année, sans interruption ; dix autres ateliers, contenant 150 à 200 ouvrières, ont été organisés, dans lesquels ces ouvrières travaillent spécialement pour cette maison.

Les récompenses constamment obtenues par MM. Opigez-Gagelin prouvent l'importance de leur établissement vraiment hors ligne.

Ainsi en 1851, à Londres, ils obtiennent la seule médaille accordée à la France :

En 1855, à Paris, 1re médaille de 1re classe.
En 1862, à Londres, id. id.
En 1867, à Paris, id. id.

Et deux médailles à leurs coopérateurs.

Il ne suffisait pas au Jury d'apprécier cette maison au point de vue seulement de son chiffre d'affaires ; il fallait, en outre, faire entrer en ligne de compte les résultats considérables que l'industrie de l'habillement, en général, retire des modèles reproducteurs que cette maison expédie dans toutes les parties du monde ; ces modèles reviennent sans doute en grande partie en France, comme types, pour être exécutés en commandes ; aussi, prenant en considération, d'une part, les récompenses décernées à cette maison à toutes les expositions, et les motifs ci-dessus, le Jury a attribué à la maison Opigez-Gagelin une médaille de 1re classe.

Exposition collective des confections de l'Algérie.
(Groupe IV, classe 35.)

Cette exposition, considérable au point de vue de la diversité des costumes et de l'habillement de notre grande colonie, méritait une récompense que le Jury a été très-heureux de lui décerner, sous la forme d'une médaille d'argent.

Exposition collective d'habillements confectionnés de l'empire de Turquie. (Groupe IV, classe 35.)

Cette collection considérable d'effets confectionnés en Turquie a un très-grand mérite au point de vue des broderies, que le Jury n'était pas chargé d'apprécier. Elle a reçu, d'autre part, une haute récompense, et le Jury de la classe 35 a pensé qu'elle méritait un encouragement spécial, et il a été heureux de lui décerner une médaille de 1re classe.

Mouillet, ancienne maison Sutton, tailleur de livrées, 348, rue Saint-Honoré, Paris. (Groupe IV, classe 35; n° 22 du Catalogue.)

Depuis que cette maison, une des plus anciennes de Paris, est placée sous l'intelligente direction de M. Mouillet, elle a pris une grande importance et a doublé le chiffre de ses opérations. Spéciale pour les livrées, elle est classée parmi les premiers établissements de Paris, et atteint un chiffre annuel d'affaires de 6 à 700,000 francs.

Le travail y est parfaitement organisé. Des logements ont été construits par le chef de cette nouvelle maison et mis à la disposition de ses ouvriers dans des conditions avantageuses de bon marché; le salaire payé aux ouvriers s'est élevé, en moyenne, pour les hommes à 6 francs, et pour les femmes à 3 francs.

Les articles exposés étaient irréprochables, et le Jury a été *unanime* pour accorder à la maison Mouillet une médaille de 1re classe.

M. **Harapatt**, à Vienne (Autriche). — Confections pour hommes. (Groupe IV, classe 35; n° 20 du Catalogue, section d'Autriche.)

Cette maison a exposé des articles irréprochables à tous les points de vue; les renseignements qui ont été transmis sur elle au Jury n'ont laissé dans son esprit aucun doute sur l'honorabilité de son propriétaire et sur l'organisation du travail.

Le Jury lui a donc décerné une médaille de 1re classe.

M. **Rathberger**, à Vienne (Autriche), confectionneur. — Habillements pour hommes. (Groupe IV, classe 35 ; n° 58 du Catalogue, section d'Autriche.)

Cette maison, de formation nouvelle, a atteint en peu d'années, sous l'intelligente et honorable direction de son propriétaire, une importance considérable. Ses produits ont été examinés à tous les points de vue, et le Jury a reconnu que, sous le rapport de la coupe et du travail de l'ouvrier, les effets exposés étaient irréprochables ; que les prix paraissaient tellement réduits, que ce n'est qu'après avoir acquis la preuve qu'ils étaient bien l'expression de la vérité, que le Jury a pu faire son appréciation ; et reconnaissant, d'une part, les efforts tentés par M. Rathberger, créateur de la maison, de l'autre, son chiffre important d'affaires, l'intelligente organisation du travail et le mérite incontestable des objets exposés, il lui a décerné une médaille de 1re classe.

Maison **Bessand** et Cie (ancienne maison Parissot). *A la Belle-Jardinière*, quai de la Mégisserie, au coin du Pont-Neuf, Paris. (Groupe IV, classe 35; n° 11 du Catalogue.)

Citer le nom de cette maison véritablement hors ligne, c'est dire ses succès.

La maison Bessand et Cie est, sans aucun doute, non-seulement la première de Paris, mais une des premières du monde entier. Son chiffre d'affaires atteint aujourd'hui la somme environ de 14 millions, et tend à augmenter tous les jours.

La maison de la *Belle-Jardinière* a son siége social, 2, rue du Pont-Neuf.

Elle a quatre succursales de vente : à Lyon, Marseille, Nantes et Angers.

Elle a une maison d'achat à Elbeuf, une maison d'achat et de confection à Lille, et des ateliers de confection dans plusieurs villes de province. Fondée en 1828, la *Belle-Jardinière* était réduite à une simple petite boutique (quai aux Fleurs). Son fondateur, Parissot, à force d'intelligence et d'activité, en fit une grande maison et une grande industrie. Lors de l'Exposition de 1855, le chiffre d'affaires de la *Belle-Jardinière* s'élevait déjà à 5 millions. Ce chiffre a toujours été en progressant chaque année, et, en 1866, il s'est élevé à 12 millions. La première moitié de 1867 fait prévoir le chiffre de 14 millions.

Son système de vente au comptant garantit cette maison de toute perte et lui permet de faire un bénéfice aussi réduit que possible. Son capital très-important lui permet de traiter les affaires dans des conditions hors ligne de bon marché; aussi, tout le monde reconnaît que même en apportant plus de soin que toute autre maison à sa confection, elle arrive encore à produire à meilleur marché.

Trois sociétés de secours mutuels existaient; la maison vient de les fondre en une seule, sous son patronage et avec sa participation, en la complétant par l'institution d'une caisse de retraite.

Les ateliers des coupeurs se composent d'un personnel constant de 116 ouvriers. Depuis le commencement de 1867, le nombre des coupeurs s'est même augmenté et doit être évalué à 150.

Le nombre des ouvriers employés et travaillant tous aux pièces flotte annuellement entre 4 et 5,000. Deux mille à peu près, sur ce nombre, restent fidèlement attachés à la maison ; ce sont des ouvriers d'élite et chefs de famille la plupart, pour lesquels il n'y a pas de morte-saison. Le reste constitue cette masse flottante de travailleurs inconstants qu'on retrouve dans tous les grands établissements industriels.

La moyenne des salaires payés par pièce à la main-d'œuvre de confection est plus élevée que celle de la plupart des autres maisons. 5,250 ouvriers inscrits régulièrement ont travaillé pour la *Belle-Jardinière* l'année dernière et ont reçu 1,665,768 fr. 75 c.

M. Parissot, le fondateur de la maison, a légué en mourant un capital de 600,000 francs pour desservir une rente annuelle de 120 francs à 250 de ses plus anciens ouvriers et ouvrières. Deux cent cinquante autres venant après, et désignés d'avance par ordre d'ancienneté, comblent les vides que la mort fait dans les rangs des premiers appelés.

Les successeurs de M. Parissot continuent son œuvre. La *Belle-Jardinière* fait des pensions à ses ouvriers les plus nécessiteux ou les plus méritants, et la somme totale des secours et pensions s'élevait, pour l'année 1866, au chiffre de 57,222 fr. 15 c.

En 1855, la *Belle-Jardinière* a reçu la grande médaille d'or, alors que son importance en toutes choses n'était pas comparable à celle qu'elle a acquise aujourd'hui.

Le Jury aurait désiré pouvoir disposer d'une médaille d'or, en faveur de la maison Bessand ; mais cette récompense hors ligne ayant été décernée à l'industrie de l'habillement de Paris, il n'a pu lui accorder qu'une médaille de 1re classe.

Mme **Delphine Baron**, 9, rue des Filles-Saint-Thomas. — Costumes historiques. (Groupe IV, classe 35; n° 33 du Catalogue.)

Cette maison, admise dans la classe 35, au point de vue de la confection commerciale, a répondu à l'attente du Jury, par la perfection de ses produits.

Mme Delphine Baron a eu le talent de donner une grande extension à l'ancienne maison Moreau ; ses produits sont parfaitement confectionnés au point de vue de la fidélité historique aussi bien qu'au point de vue commercial.

L'administration de cette maison est bonne, et ouvriers et ouvrières reçoivent un salaire convenable.

Le Jury a été *unanime* pour décerner à Mme Delphine Baron une médaille de 1re classe.

Dardenne frères et **Nathan**, à Bruxelles. — Habillements militaires. (Groupe IV, classe 35 ; n° 7 du Catalogue, section de Belgique.)

Cette maison, de nouvelle création, a pris, sous l'habile direction de son propriétaire-fondateur, une importance considérable.

MM. Dardenne et Nathan étant confectionneurs d'habillements civils, leur chiffre d'affaires était devenu important. C'est dans ces conditions qu'ils ont entrepris la confection d'habillements militaires pour les fournitures des armées étrangères, et que depuis quelques années ils font une concurrence qui pourrait devenir redoutable aux fournisseurs d'Angleterre et de France.

Les objets exposés sont d'une confection irréprochable et d'un prix réduit; la main-d'œuvre est suffisamment rétribuée.

C'est pour ces raisons que le Jury a été heureux de décerner à cette maison la médaille de 1re classe.

M. **Keil** (Chrétien), à Lisbonne (Portugal). — Habillements pour hommes. (Groupe IV, classe 35; n° 10 du Catalogue, section du Portugal.)

Cette maison, fondée en 1843, médaillée à Londres en 1862 et à Porto en 1865, sur laquelle le Jury a reçu les meilleurs renseignements, est extrêmement honorable.

Les produits de M. Keil, tailleur de la cour, ont atteint un grand degré de perfection ; le chiffre de ses affaires est très-considérable ; il occupe 65 ouvriers qui, en moyenne, gagnent 3 fr. 75 par jour. Le Jury a été heureux de décerner à cette maison si recommandable une médaille de 1re classe.

---

§ 3. Médailles de bronze.

Le rôle du Jury est devenu très-difficile, lorsqu'il s'est agi de récompenser les grandes maisons de nouveautés qui ont créé des comptoirs spéciaux de confection pour dames ; ces maisons méritaient certainement chacune une première médaille, mais le nombre de celles dont pouvait disposer le Jury était malheureusement trop restreint ; il fallait donc opter presque à mérite égal entre les producteurs de confection pour dames, qui font de cette industrie une spécialité, qui l'ont créée, qui ont porté si haut la réputation de ces confections, et les marchands de nouveautés qui ont établi des comptoirs spéciaux dans leurs vastes établissements, où la confection est parfaitement traitée avec un goût irréprochable, où le chiffre d'affaires atteint un taux très-élevé, presque toujours évalué à 1 million, et où les ouvriers reçoivent toute l'année un salaire suffisant.

Dans l'esprit du Jury, toutes ces maisons méritaient une récompense de 1re classe : l'unanimité de son opinion prouve que son désir était justifié.

M. **Larivière-Renouard**, à Paris, 8, rue Montesquieu. Maison de confections. *Au Coin de rue.* (Groupe IV, classe 35; n° 2 du Catalogue.)

Les produits de cette maison qui ont été exposés sont irréprochables et méritent certainement une mention toute particulière; l'heureux propriétaire des vastes établissements qu'il dirige avec une rare intelligence a su donner à son comptoir de confections pour dames une importance considérable; ses produits, destinés principalement à la classe moyenne, sont d'un prix avantageux; son chiffre d'affaires peut être évalué à près de 1 million.

Les ouvrières sont bien rétribuées et ont un travail assuré pour toute l'année. Le Jury a été heureux de décerner à cette maison une médaille de 1re classe.

Bockairy et Cie (Compagnie lyonnaise), 37, boulevard des Capucines. — Confections pour dames. (Groupe IV, classe 35; n° 6 du Catalogue.)

Citer cette maison de premier ordre, exceptionnelle pour la richesse et le bon goût de ses nouveautés qui, pour la plupart, sont ses créations, c'est dire que son comptoir de confections pour dames, qui donne des résultats considérables sous le point de vue commercial, est d'un goût exquis et d'une élégance rare; les objets exposés ont été appréciés et admirés par les nombreux visiteurs qui se pressent devant les vitrines de la classe 35.

Les confections de la maison de la Compagnie lyonnaise sont destinées aux femmes élégantes du monde parisien; les prix sont en rapport avec la richesse des étoffes et le fini du travail; les salaires sont élevés et le chiffre d'affaires est d'environ 1 million. Le Jury a décerné à la Compagnie lyonnaise une médaille de 1re classe.

Chauchart, Hériot et Cie. (Magasins du Louvre), Paris. (Groupe IV, classe 35; n° 36 du Catalogue.)

L'intelligence hors ligne des propriétaires de ce vaste établissement était un gage certain que le comptoir spécial de la confection pour dames ne laisserait rien à désirer; l'exportation de ses produits en a donné la preuve et a répondu à l'attente du public. Tous les objets exposés par cette maison sont irréprochables au point de vue des confections et de la richesse des étoffes, toujours parfaitement appropriées au genre et au prix de l'objet exposé. Ses confections sont en général riches et destinées principalement à la classe élevée de la société. Le chiffre d'affaires est considérable et la main-d'œuvre est parfaitement rétribuée.

Le Jury a décerné à cette puissante maison une médaille de bronze.

Hoschedé et **Blémont**, rue Poissonnière, n° 35, et boulevard Poissonnière, n° 7. — Confections. (Groupe IV, classe 35.)

Cette maison de premier ordre a exposé ses produits dans un pavillon réservé. Successeurs de la célèbre maison Cheuvreux et Aubertot, ses nouveaux propriétaires n'ont rien négligé pour soutenir la vieille réputation de leur établissement.

Les produits exposés sont irréprochables et accusent un goût exquis. La main-d'œuvre est convenablement rétribuée et l'organisation de la maison est excellente. Le chiffre d'affaires en confection dépasse 500,000 francs.

Le Jury a été heureux de décerner à cette maison une médaille de bronze.

Durvis, tailleur-confectionneur, à la Porte-Montmartre, Paris, 178, rue Montmartre. (Groupe IV, classe 35; n° 16 du Catalogue.)

Maison de création nouvelle qui a pris en peu d'années une grande extension. Le propriétaire de cet établissement a compris que le commerce de l'habillement se complétait par l'industrie du tailleur travaillant sur mesure; son établissement est parfaitement dirigé; les affaires peuvent être évaluées à 500,000 francs environ; les ouvriers et ouvrières reçoivent un salaire élevé, et tout fait prévoir au chef de cet établissement un grand avenir commercial.

Le Jury international lui a décerné, pour la perfection du travail des objets exposés et l'intelligente direction donnée aux affaires, la deuxième médaille.

Versini, tailleur, 17, rue Grammont, Paris. (Groupe IV, classe 35; n° 25 du Catalogue.)

Tailleur jeune et intelligent, cet honorable industriel est arrivé en peu d'années à un chiffre d'affaires très-respectable; il travaille sur mesure avec une perfection rare; sa coupe est élégante et la main-d'œuvre rétribuée largement. Les objets exposés par lui sont irréprochables, et le Jury a été *unanime* pour décerner à M. Versini une médaille de bronze.

Barge et Hermant, tailleurs, 15, rue de la Paix, Paris. (Groupe IV, classe 35; n° 21 du Catalogue.)

Ancienne et très-honorable maison de tailleurs sur mesure, elle n'a exposé qu'un vêtement imperméable. Le Jury n'a donc pu apprécier son chiffre d'affaires comme tailleur; il faut, toutefois, dire que cette maison est très-bien administrée et digne de son ancienne et excellente réputation.

Le vêtement exposé a été confectionné avec une grande intelligence, et l'invention en appartient à MM. Barge et Hermant. Un des grands inconvénients du vêtement imperméable à l'eau est aussi de l'être à l'air. Les inventeurs ont trouvé le moyen, tout en conservant au vêtement son imperméabilité, de laisser à l'air sa libre circulation par des soupapes artiste-

ment établies et habilement dissimulées ; c'est là un progrès très-appréciable, et le Jury a décerné à MM. Barge et Hermant, pour les récompenser de leur ingénieuse invention et de la perfection du travail, une médaille de bronze.

Olivier et Cie, à Bruxelles, 1, place de la Monnaie. — Vêtements confectionnés pour hommes et enfants. (Groupe IV, classe 35; n° 26 du Catalogue.)

Les renseignements que le Jury a recueillis sur cette maison lui sont extrêmement favorables sous le rapport commercial. — Le Jury ne peut apprécier si le travail manuel de l'ouvrier est suffisamment rétribué et en rapport avec les besoins matériels, il sait seulement que cette maison vend des habillements complets : paletot, pantalon et gilet, 40 fr., 75 fr., et 140 fr. en raison de la qualité du drap ; mais il a été satisfait de la bonne confection des objets exposés, et il a décerné à MM. Olivier et Cie une médaille de bronze.

Hié (Nicolas), tailleur-confectionneur, à Bucharest (Roumanie).

Les renseignements minutieux recueillis par le Jury sur cette maison lui sont très-favorables sous tous les rapports ; aussi n'a-t-il pas hésité à décerner à M. Nicolas Hié une médaille de bronze.

Miscoviel, tailleur, à Bucharest (Roumanie). — Confections pour dames.

Le Jury a décerné à cette maison une médaille de bronze pour les confections exposées par elle et par suite des bons renseignements recueillis sur son compte.

Newmann (François), à Vienne (Autriche). (Groupe IV, classe 35; n° 45 du Catalogue de l'Autriche.)

Par suite des excellents renseignements reçus sur cette maison et de la bonne confection des fourrures et des vêtements fourrés exposés, le Jury lui a décerné une médaille de bronze.

Hogge, tailleur; équipements militaires, à Liège (Groupe IV, classe 35; n° 19 du Catalogue, section belge).

Cette maison, à laquelle le Jury a décerné une médaille de bronze, a exposé des équipements militaires d'une bonne coupe et d'une confection irréprochable.

Asmaranti (Ion), à Piatra (Roumanie).

Sous le mérite des observations ci-dessus, qui s'appliquent à M. Asmaranti, le Jury lui a accordé une médaille de bronze.

Wolf Bernheim, tailleur-confectionneur pour civils et militaires, à Genève. (Groupe IV, classe 35; n° 16 du Catalogue.)

Maison importante ayant créé dans plusieurs grandes villes des succursales qui ont donné à la maison-mère une grande influence; les renseignements demandés par le Jury ont été on ne peut plus favorables sous tous les rapports.

Les objets exposés sont bien confectionnés, tout en laissant à la main-d'œuvre une rémunération suffisante.

Le Jury a décerné à cette honorable maison une médaille de bronze.

Exposition collective de la Grèce. — Costumes nationaux.

Le Jury, après examen de cette collection d'habillements

confectionnés d'une très-grande richesse de broderies, a décerné à cette exposition collective une médaille de bronze.

Ad. Leleux, 203, rue Saint-Martin, Paris. (Groupe IV, classe 35; n° 17 du Catalogue.)

Cette maison a exposé dans la classe 91 ses produits à bon marché, qui sont sa spécialité ; elle a obtenu dans cette classe la première médaille, et c'était justice. Si cette maison n'avait exposé que dans la classe 35, elle eût obtenu la première médaille ; mais le Jury ayant appris que la Commission impériale ne décernait pas au même exposant pour la même industrie deux médailles de 1re classe, il s'est borné à décerner à M. Leleux une médaille de 2e classe.

Cette maison mérite certainement les plus hautes récompenses.

M. Leleux n'avait aucune des connaissances nécessaires pour la confection, et cependant, en peu d'années, cet établissement a grandi, pour devenir une des maisons les plus considérables de France et pour atteindre un chiffre d'affaires de 3 à 4 millions de francs. C'est là un résultat considérable. L'on a pu apprécier ses produits au point de vue du commerce, du bon marché et de la perfection du travail, eu égard au bas prix. M. Leleux a donné la preuve que la France peut avoir sur tous les marchés du monde la préférence sur les confections anglaises, qui autrefois furent le monopole de ce commerce à l'étranger. M. Leleux mérite donc, en dehors de la récompense qu'il a reçue, une mention honorable, et nous sommes ici l'interprète de l'*unanimité* du Jury.

Par l'organisation intelligente du travail, par l'outillage important qu'il a monté, il a pu donner au nombreux personnel qu'il emploie un salaire suffisamment rémunérateur. C'est là un point important, car il ne suffit pas de produire et de rendre à bon marché, si c'est aux dépens du travail manuel : nous nous élevons de toutes nos forces contre de semblables tendances et, au lieu de louer, nous flétririons l'industrie qui aurait recours à d'aussi mauvais moyens.

Le Jury croit devoir signaler le concours intelligent et dévoué que M. Leleux a toujours rencontré dans M. Anthime Le Boiteux, employé dans sa maison depuis douze ans, et il a été assez heureux pour lui décerner une médaille de 2ᵉ classe, comme récompense de ses nombreux et honorables services.

Bouché et Cie, tailleur-confectionneur, boulevard des Italiens, 29, Paris. *Aux Galeries de Paris.* (Groupe IV, classe 35; n° 26 du Catalogue.)

Maison qui date seulement de quelques années; mais avec le précieux concours de son habile commanditaire, et dirigée avec une remarquable intelligence par son fondateur, elle a occupé bien vite un rang élevé dans le commerce de l'habillement, et son chiffre atteint aujourd'hui un ensemble d'affaires de 900,000 fr. de vente directe au consommateur.

Dans notre aperçu général de la confection pour hommes, nous avons appelé l'attention sur les confectionneurs qui, ne se contentant pas de livrer des effets tout confectionnés, travaillent aussi sur mesure. La maison Bouché et Cie est une de celles qui ont donné le plus d'extension à ce genre d'industrie et qui ont obtenu les plus beaux résultats.

Le travail est fait aux pièces par des ouvriers pouvant gagner de 5 à 7 francs par jour, et qui, cependant, grâce à la combinaison que nous indiquons plus haut, sont occupés toute l'année.

Le Jury aurait voulu pouvoir disposer d'une première médaille pour cette honorable maison; et forcé par la nécessité, il lui a délivré une médaille de 2ᵉ classe.

Mottl et fils, à Prague (Bohême). — Habits. (Groupe IV, classe 35; n° 43 du Catalogue.)

L'examen des produits de cette maison donne la plus haute

idée de l'industrie de l'habillement en Bohême. Le travail à l'aiguille est parfait, et nous ne craignons pas de dire que peu d'ouvriers en France seraient capables de mieux faire. Lorsque nous avons examiné les produits de cette maison, comparés à ceux de la France et des autres nations, nous avons été frappés de la différence du salaire; mais nous n'avions pas les éléments nécessaires sur les besoins matériels des ouvriers dans l'empire d'Autriche. En estimant le travail d'après son mérite, il est certain qu'en France les ouvriers qui seraient capables de le faire ne gagneraient pas 2 fr. 50 c. à 3 francs par jour.

Le chiffre d'affaires de cette maison est élevé, et si nous en jugeons par les produits exposés, elle doit être de premier ordre. Le Jury a été *unanime* pour lui décerner une médaille de 2ᵉ classe.

Wellisch, à Vienne (Basse-Autriche). — Habits d'homme. (Groupe IV, classe 35; n° 74 du Catalogue.)

Nous ne répéterons pas pour cet exposant, comme pour le suivant, les considérations que nous avons fait valoir, et qui s'appliquent à ces trois maisons, par rapport à la main-d'œuvre et à la perfection du travail.

La maison Wellisch destine ses produits principalement au détail et à la clientèle bourgeoise. Son chiffre d'affaires est important, et le Jury a été *unanime* pour lui décerner une médaille de 2ᵉ classe.

Straschitz, à Prague (Bohême). — Habits. (Groupe IV, classe 35; n° 70 du Catalogue.)

Tout ce qui précède est applicable à cet exposant et à ses produits, qui ont véritablement atteint la perfection par rapport aux prix.

Le Jury lui a décerné une médaille de 2ᵉ classe.

Godchau, 33, rue Croix-des-Petits-Champs, Paris. — Confections pour hommes. (Groupe IV, classe 35; n° 10 du Catalogue.)

Nous en référons à ce que nous disions sur le peu de récompenses décernées aux confectionneurs; nous ajouterons que la maison Godchau a atteint un chiffre considérable d'affaires, évalué à 1,500,000 francs, dont le produit est livré, moitié au commerce étranger, et moitié à la France. Elle fait un grand emploi de la machine à coudre dans ses ateliers, occupés par plus de 800 ouvriers, dont 300 femmes, qui reçoivent un salaire véritablement élevé.

Le travail de cette maison est parfaitement organisé, et c'est à *l'unanimité* que le Jury a décerné à cette honorable industrie une médaille de 2ᵉ classe.

Bouché et **Arfvidson**. *Au Bon-Pasteur*, 32, rue Neuve-des-Petits-Champs, Paris. — Confections. (Groupe IV, classe 35; n° 12 du Catalogue.)

Cette maison est une des plus anciennes de la confection et celle qui ait donné le plus de gages à cette industrie. Ses produits sont destinés à la consommation bourgeoise et ont atteint un grand degré de perfection.

Le chiffre d'affaires est considérable. L'organisation du travail ne laisse rien à désirer, et les salaires sont suffisamment rémunérateurs. Les objets exposés sont très-remarquables, et les prix sont avantageux.

C'est à *l'unanimité* que le Jury a décerné à cette maison une médaille de 2ᵉ classe.

Dubus, 82, rue Bonaparte, Paris. — Habillements confectionnés et sur mesure pour ecclésiastiques. (Groupe IV, classe 35; n° 29 du Catalogue.)

La maison Dubus a obtenu dans toutes les expositions précédentes de grandes récompenses pour les ornements d'église; elle a joint depuis quelques années à ce commerce principal un comptoir spécial de confection pour les vêtements des ecclésiastiques, et, continuant les principes honorables qui l'ont toujours guidé depuis la fondation de cette maison, M. Dubus a su donner à cette nouvelle branche de son industrie une intelligente direction, une loyauté dans les transactions, et a obtenu de beaux résultats qui se sont manifestés par un chiffre d'affaires respectable et par des produits exposés parfaitement confectionnés.

Le Jury a été *unanime* pour lui décerner une médaille de bronze.

Walter, culottier, 9, rue Auber, Paris. (Groupe IV, classe 35; n° 24 du Catalogue.)

Cette industrie n'a pas été appréciée par nous dans notre travail général; nous devons cependant donner ici aux deux industriels qui la représentent à l'Exposition une mention particulière.

M. Walter est créateur de la maison. Après avoir lutté longtemps comme simple ouvrier, il en est arrivé à fonder un établissement important. Fournisseur général de la maison de S. M. l'Empereur, en ce qui concerne sa spécialité, et de plusieurs cours étrangères, il a su mériter, à toutes les époques, cette haute distinction. Ses produits sont parfaits, irréprochables, laissant à la main-d'œuvre une rémunération élevée.

M. Walter, par tous ses antécédents honorables, par les récompenses obtenues jusqu'ici, et par la bonté de ses produits à l'Exposition de 1867, a mérité les éloges que le Jury international lui a adressés et la médaille de bronze qu'il a été heureux de lui décerner.

Geiger, culottier, 71, rue Richelieu, Paris. (Groupe IV, classe 35; n° 20 du Catalogue.

M. Geiger a fondé sa maison en 1834. Depuis lors il a été honoré de plusieurs récompenses, et cinq brevets d'invention viennent d'attester ses progrès dans son industrie. Sous son habile directeur, sa maison a pris une impulsion considérable, et ses produits sont cités pour leur élégance et le fini du travail.

Il a joint à son commerce de vêtements en peau plusieurs autres articles que nous ne sommes pas chargés d'examiner ni d'apprécier, mais qui ne prouvent pas moins l'intelligence du chef de la maison, et son talent. Les objets exposés sont irréprochables et exécutés d'une manière habile.

Le Jury, dans sa juste appréciation a décerné à M. Geiger une médaille de bronze.

De La Tremblais et **Fayette,** rue Vivienne, n° 25, au Palais de Cristal. — Vêtements confectionnés (Groupe IV, classe 35; n° 15 du Catalogue.)

Cette maison ne s'est pas contentée de la vente des habits confectionnés d'avance; elle a ajouté l'habillement sur mesure fait sur une assez grande échelle, l'habillement pour enfants et les livrées. Cette industrie a atteint un chiffre assez élevé pour en faire presque une spécialité. Le travail est bien fait, bien dirigé; les produits exposés sont très-soignés et confectionnés avec goût. Le chiffre d'affaires est très-important, les ouvriers sont bien payés, l'organisation de la maison permet de livrer à la consommation de détail des produits qui ne seraient pas désavoués par des tailleurs en renom de Paris.

Le Jury a été heureux de décerner à cette honorable maison une médaille de 2ᵉ classe.

Sauveur et **Payen**, rue Montesquieu, n° 2, Paris. — Confections pour hommes. (Groupe IV, classe 35; n° 14 du Catalogue.)

La maison des *Quatre-Nations* est honorablement connue depuis de longues années; c'est une des plus anciennes et des meilleures de Paris; les produits, principalement destinés à la clientèle de détail, sont établis dans des conditions avantageuses comme prix et comme confection; la main-d'œuvre y est rétribuée à un taux très-élevé; dans les ateliers on y compte 250 à 300 ouvriers; il n'est pas rare de voir le salaire atteindre 5, 6 et 7 fr. pour les hommes, et 2 et 4 fr. pour les femmes.

L'administration de ce grand établissement a fait ses preuves, et, grâce à l'intelligente direction du travail, elle est arrivée à donner les résultats remarquables énumérés ci-dessus. C'est ce qui a décidé le Jury à décerner à cette maison une médaille de 2e classe.

Marie, boulevard Saint-Martin, n° 33, Paris. — Habillements pour hommes. (Groupe IV, classe 35; n° 13 du Catalogue.)

Cette maison, qui a reçu dans les expositions précédentes des récompenses de premier ordre, est parfaitement administrée; ses produits sont destinés à la vente au détail, et elle atteint un chiffre important d'affaires.

Les objets exposés étant établis à des prix avantageux, et leur confection remplissant les conditions de bonne fabrication et de bon marché, bien que le salaire soit élevé, puisque les hommes gagnent 5 et 6 fr. et les femmes 2 et 3 fr., le Jury n'a pas hésité, en présence de ces résultats satisfaisants, à décerner à cet honorable négociant, une médaille de 2e classe.

Tait et Cie, fournisseur d'habillements pour l'armée, Londres.
(Groupe IV, classe 35; n° 13 du Catalogue, section anglaise.)

Dans les considérations générales qui précèdent, nous avons cité la maison Tait et Cie pour son importance, en regrettant toutefois que les produits exposés par elle ne fussent pas en rapport avec l'importance de cette maison hors ligne; ce ne sont donc pas ses produits qui ont guidé le Jury pour lui décerner une médaille de bronze, mais la considération personnelle de ce grand industriel et des moyens dont il dispose.

M. Tait et Cie a créé un établissement considérable à Londres et des ateliers d'une importance qui n'ont de rivaux que ceux qui ont été établis à Paris pour l'habillement de l'armée. Deux à trois mille ouvriers sont constamment employés à Limerick (Irlande). Dans ces vastes ateliers où l'outillage le plus puissant et le plus complet a été installé, M. Tait a pu suffire à toutes ses commandes.

Fournisseur d'une partie de l'armée anglaise, de plusieurs armées étrangères, son chiffre d'affaires peut être évalué à 12 millions de francs par an. Le salaire accordé aux ouvriers paraît suffisant pour l'Irlande, mais il ne serait certainement pas en rapport avec les besoins matériels de l'ouvrier en France.

Le Jury a été *unanime* pour décerner à M. Tait et Cie une médaille de bronze.

Plançon, confections pour enfants, 371, rue Saint-Denis. (Groupe IV, classe 35; n° 16 *bis* du Catalogue.)

A exposé une charmante collection d'habillements pour enfants, très-remarquable par le bon goût, la diversité des modèles et les prix modérés.

Le chiffre d'affaires de cette maison est relativement considérable; la vente se fait en grande partie en gros et pour l'exportation.

En résumé, maison bien administrée, directeur intelligent, et salaire suffisant. Le Jury a été *unanime* pour décerner à la maison Plançon une médaille de bronze.

Mme Duvignaud, confections des deux sexes, 16, passage Choiseul. (Groupe IV, classe 35; n° 28 du Catalogue.)

Cette exposition est très-belle au point de vue de l'élégance qui a présidé à la confection et du bon goût qui l'a inspirée; aussi, le Jury a-t-il cru devoir lui décerner une médaille de bronze.

Mersey. *Au Cardinal Fesch*, ancienne maison Saint-Augustin, 45, rue Neuve-Saint-Augustin. — Confections pour enfants. (Groupe IV, classe 35; n° 30 du Catalogue.)

La confection de l'habillement pour enfants, créée en 1855 dans cette importante maison, a pris depuis cette époque une importance considérable. Deux machines seulement étaient employées à la confection. Il y en a aujourd'hui 20, et le nombre des ouvrières a augmenté dans la même proportion. Les objets exposés sont faits avec une grande élégance, et d'un prix modéré; les ouvrières sont bien traitées et le salaire est suffisamment rémunérateur. Le Jury lui a accordé une médaille de bronze.

Guérin et Jouault, 12, rue Bergère, mantelets pour dames. (Groupe IV, classe 35.)

Cette maison ayant exposé ses produits principaux dans la classe 29, n'a fait figurer dans la classe 35 que des mantelets pour dames, confectionnés d'après un système nouveau de coupe qui économise une grande partie de la main-d'œuvre et permet de livrer à la consommation des mantelets à un prix considérablement réduit, tout en laissant à la main-d'œuvre une rémunération suffisante.

Cet article étant une nouvelle création de la maison Guérin et Jouault, le Jury de la classe 35 n'étant compétent que pour apprécier cet article, lui a décerné une médaille de bronze.

Mme **Paul**, robes de dames, 41, rue Lafayette. (Groupe IV, classe 35; n° 32 du Catalogue.)

Mme Paul a joint aux modes un comptoir de confection pour dames; les articles exposés sont parfaitement confectionnés, la maison est bien administrée, les affaires prennent tous les ans une plus grande importance, et tout fait espérer à l'intelligente Mme Paul un avenir prospère.

Le Jury lui a décerné une médaille de bronze.

Mme **Cely**, lingerie et confections pour dames, 5, rue de l'Échelle. (Groupe IV, classe 35; n° 34 du Catalogue.)

Cette maison, de nouvelle création, est dirigée par toute une famille très-intéressante où chaque membre a sa spécialité. L'une des demoiselles dirige la confection pour robes, et le goût et la distinction des objets exposés ont été constamment admirés du public.

Le Jury, *à l'unanimité*, a décerné à Mme Cely une médaille de bronze.

Lavigne et **Chéron**, 3, rue de Rohan. — Vêtements pour dames. (Groupe IV, classe 35; n° 37 du Catalogue.)

MM. Lavigne et Chéron ont exposé des vêtements pour dames, irréprochables sous le rapport du goût et de la confection.

Le chiffre d'affaires de cette maison est important, car ses produits s'appliquent à toutes les classes de la société.

La main-d'œuvre est suffisamment rétribuée.

Le Jury a décerné à MM. Lavigne et Chéron une médaille de bronze.

Bodson, rue de Rivoli, 48, et rue Saint-Denis, 407. — Tailleur-confectionneur.

M. Bodson a exposé des vêtements tout faits pour hommes d'un bon marché remarquable, car ils sont destinés à une clientèle modeste et à la classe ouvrière, et ce bon marché n'empêche pas la bonne confection d'être exécutée dans de bonnes conditions.

La main-d'œuvre est suffisamment rétribuée.

Le Jury a accordé à M. Bodson une médaille de bronze.

Xafredo (J.-A.), à Lisbonne (Portugal). — Tailleur. (Groupe IV, classe 35; n° 37 du Catalogue portugais.)

Les renseignements que le Jury a pris auprès du président de la Commission portugaise l'a parfaitement édifié sur l'honorabilité de cet exposant et sur l'importance de sa maison.

Les objets exposés par lui sont bien confectionnés, et le Jury a été *unanime* pour décerner à M. Xafredo une médaille de bronze.

Corréa (J.-N.) et Cie, à Lisbonne (Portugal). — Tailleur. (Gr. IV, classe 35; n° 16 du Catalogue portugais.)

Le Jury ne peut répéter que ce qu'il disait de son confrère Xafredo, de Lisbonne; il faut ajouter cependant que M. Corréa a exposé un uniforme militaire très-bien réussi; qu'il occupe 78 ouvrières et employés; que le salaire varie entre 1 fr. 15 c. et 4 fr. 45 c. par jour; que la plupart des objets sont faits à la mécanique; que la production annuelle est d'environ 350,000 francs, destinée au pays et à ses colonies, et qu'enfin cette maison a obtenu à l'Exposition internationale de Porto, en 1865, une médaille de bronze que le Jury est heureux de lui décerner encore aujourd'hui à l'Exposition universelle de 1867.

Rasmussen, tailleur, à Copenhague (Danemark). (Groupe IV, classe 35; n° 6 du Catalogue, section du Danemark.)

Le Jury a reçu trop tard les renseignements qui lui ont été transmis sur cette honorable maison pour décerner à M. Rasmussen la première médaille à laquelle il avait tous les droits possibles pour l'importance de sa maison, l'organisation du travail et le fini de sa confection.

Il est le tailleur de la cour, et jouit au Danemark de la meilleure réputation.

Au moment où ce rapport est rédigé, le Jury attend la décision de la Commission impériale pour une demande qu'il lui a adressé d'une médaille d'argent au lieu d'une médaille de bronze qui a été décernée à cet honorable négociant.

Vinogradoff (Anne), à Nijny-Novgorod (Russie). — Vêtements pour dames. (Groupe IV, classe 35; n° 23 du Catalogue, section russe.)

Cette maison a exposé de charmantes confections extrêmement confortables et d'un très-bon goût; le tissu est en duvet de cygne naté très-léger, très-chaud et d'un porté fort agréable pour sortie de bal.

Les renseignements les plus favorables recueillis sur cette honorable maison fondée en 1857, et la nature remarquable de ses produits, où tout le travail se fait à la main, et destinés à l'exportation, lui ont fait décerner une médaille de bronze.

J. Juszczyk, à Varsovie (Russie). — Tailleur. (Groupe IV, classe 35; n° 9 du Catalogue, section russe.)

Cette maison très-honorablement connue et sur laquelle les

meilleurs renseignements ont été fournis a exposé un habit et un gilet dont la coupe est d'une élégance remarquable et d'un goût parfait. Le prix est de 200 francs l'habit et de 52 francs le gilet.

Ces deux objets exposés, témoignant une connaissance parfaite de l'art du tailleur et un goût assez rare, ont déterminé le Jury à accorder à cette maison une médaille de bronze.

Tchilingaroff (M.), à Akhaltsykh, Caucase (Russie). — Tailleur.
(Groupe IV, classe 35; n° 30 du Catalogue, section russe.)

Cette maison a exposé des vêtements brodés, genre circassien, en velours et satin, d'une coupe et d'un fini extraordinaires. Ils sont remarquables aussi par leur fraîcheur et feraient de très-jolis costumes pour les bals masqués.

Le Jury a décerné à cette maison une médaille de bronze.

Elsinger (M.-J.) et fils, à Vienne (Autriche). — Habits imperméables.
(Groupe IV, classe 35; n° 9 du Catalogue, section d'Autriche.)

Les objets qui forment l'exposition de la maison Elsinger et fils sont dans de bonnes conditions de prix, confortables, bien faits, et d'une solidité remarquable.

Le Jury a décerné une médaille de bronze à cette maison honorable.

Wallgren, tailleur, à Stockholm (Suède). (Groupe IV, classe 35; n° 3 du Catalogue, section de Suède.)

Cette maison expose des uniformes militaires d'une coupe élégante et bien confectionnés; ce qui, joint aux excellents renseignements obtenus, a décidé le Jury à lui décerner une médaille de bronze.

Compagnie russo-américaine de la manufacture de caoutchouc, à Saint-Pétersbourg (Russie). (Groupe IV, classe 35; n° 4 du Catalogue, section de Russie.)

Les affaires de cette importante maison sont considérables; les vêtements sont bien confectionnés et présentent une solidité remarquable.

Voici un aperçu des prix d'un bon marché inouï :

Paletots de   6 fr. 60 c. à 14 fr. 80 c.
Pantalons de 2   20   à 5   60
Capuchons de 1   10   à 3   60
Guêtres de   0   80   à 1   30

Le Jury a décerné à cette Compagnie une médaille de bronze.

Rodriguez (Isidore), tailleur, à Madrid (Espagne). (Groupe IV, classe 35; n° 19 du Catalogue, section d'Espagne.)

Cette maison a exposé des uniformes irréprochables sous le rapport de la confection et de la coupe.

Le Jury a reçu les renseignements les plus favorables sur cette honorable maison; son chiffre d'affaires est important, et sous tous les rapports elle mérite la médaille de bronze qu'il lui décerne.

---

§ 4. Mentions honorables.

Oger, à Bruxelles, 36, rue de la Fosse-aux-Loups. — Equipements militaires. (Groupe IV, classe 35.)

Après examen des produits exposés par cette maison, le Jury a cru pouvoir décerner à M. Oger une mention honorable, bien que les objets exposés sortissent un peu de sa compétence; mais ces objets étant de la confection, et les renseignements pris étant très-favorables, il a cru devoir accorder cette récompense à M. Oger.

Jacobi (J.) fils, à Copenhague (Danemark) — Tailleur. (Groupe IV, classe 35; n° 3 du Catalogue, section du Danemark.)

Peterson (J.), à Copenhague (Danemark). — Tailleur. (Groupe IV, classe 35; n° 5 du Catalogue, section du Danemark.)

Ces deux maisons ont exposé chacune un costume de pasteur évangélique d'un mérite égal, et remarquable, d'ailleurs, par la perfection relative du travail.

Le Jury n'a pas hésité à leur décerner à chacune une mention honorable.

Zallée (J.-C.), à Saint-Louis-Missouri (Etats-Unis). — Tailleur. (Groupe IV, classe 35; n° 3 du Catalogue 4, section d'Amérique.)

A exposé une redingote et un pantalon en *doskin* noir qui est parfaitement exécuté et qui a mérité une mention honorable que le Jury lui a décerné.

Borbely, à Debreczin, Hongrie (Autriche), tailleur. (Groupe IV, classe 35; n° 4 du Catalogue, section d'Autriche.)

Cette maison, honorablement connue, d'après les renseignements recueillis sur son compte, a exposé un costume national hongrois, dont l'exécution parfaite à tous les points de vue lui a mérité une mention honorable que le Jury a été heureux de lui décerner.

Hirsch (J.), à Vienne (Autriche), tailleur. (Groupe IV, classe 35; n° 22 du Catalogue, section d'Autriche.)

Cette maison, sur laquelle le Jury a été parfaitement renseigné, a exposé un vêtement bourgeois qui ne laisse rien à désirer sous tous les rapports, ce qui lui a mérité une mention honorable.

Reithoffer (J.-H.), à Vienne (Autriche). — Tailleur. (Groupe IV, classe 35; n° 57 du Catalogue, section d'Autriche.)

Cette maison dont la réputation est parfaitement établie, a exposé des vêtements en caoutchouc, qui, sans offrir les avantages immenses de ceux exposés par MM. Barge et Hermant, de Paris, sont cependant remarquables.

Aussi le Jury a-t-il décerné à cette maison une mention honorable.

Cojacarou (L.), à Tergovitz (Roumanie). — Tailleur.

Cette maison a exposé des paletots en drap et en fourrure, le drap formant la doublure, d'une perfection parfaite; les coutures surtout ne laissent rien à désirer ; malheureusement ces vêtements à l'usage des deux sexes sont d'un prix excessif.

Le Jury a décerné à M. Cojacarou une mention honorable.

Linthicum (W.-O.), à New-York. — Tailleur. (Groupe IV, classe 35; n° 2 du Catalogue, section d'Amérique.)

A exposé des vêtements d'homme bien confectionnés. Les renseignements transmis sont extrêmement honorables pour cette importante maison; le Jury a été *unanime* pour lui décerner une mention honorable.

Montagne, 23, rue Croix-des-Petits-Champs, Paris. — Confections pour dames. (Groupe IV, classe 35; n° 9 du Catalogue.)

Cette maison a exposé des articles confectionnés pour dames, d'un genre excentrique, mais dont la vente paraît assurée à une clientèle étrangère.

M. Montagne est un intelligent tailleur. Jeune encore, il a créé une maison qui, tous les jours, prend une extension nouvelle.

Le Jury lui a décerné une mention honorable.

Lacroix, tailleur pour enfants, 2, rotonde de la galerie Colbert, Paris.
(Groupe IV, classe 35; n° 27 du Catalogue.)

La maison Lacroix est une des plus anciennes de Paris pour l'habillement des enfants; elle est dans d'excellentes conditions et a une clientèle de famille. Son jeune propriétaire est actif, intelligent et honnête. Les objets qu'il a exposés sont bien confectionnés, dans de bonnes conditions de prix; ses ouvriers gagnent un salaire suffisamment rémunérateur.

Toutes ces considérations ont décidé le Jury à lui décerner une mention honorable.

Despaigne, négociant en nouveautés, 11, rue Scribe, Paris. (Groupe IV, classe 35; n° 38 du Catalogue.)

Cette maison, de nouvelle création, a joint à son commerce de tissus, un comptoir de confection pour dames; les objets exposés sont dans de bonnes conditions, et peuvent devenir une source abondante de produits. M. Despaigne peut espérer des résultats avantageux.

Le Jury lui a décerné une mention honorable.

Matoscheck, tailleur à Agram (Autriche) (Groupe IV, classe 35; n° 40 du Catalogue, section d'Autriche).

Le Jury a décerné à cette maison une mention honorable en raison des bons renseignements recueillis sur elle et de la bonne confection des costumes nationaux croates dont l'exposition est remarquable.

Krage, tailleur (Autriche).

Bonne confection dans son exposition d'habits d'homme et renseignements favorables sur le compte de cette maison à laquelle le Jury a accordé une mention honorable.

Lambert (J.-B.), tailleur, à Bruxelles. (Groupe IV, classe 35; n° 21 du Catalogue, section belge.)

A exposé un habillement complet de mineur, à un prix excessivement bon marché, eu égard à l'étoffe et à la façon.

Le paletot est coté 12 francs.
La veste — 9
Le pantalon — 6

C'est un bon marché incroyable, et cette qualité réunie aux autres comme façon et qualité de drap, ont déterminé le Jury à accorder à cette maison une mention honorable.

S. A. le vice-roi d'Egypte. (Groupe IV, classe 35; toute la classe.)

L'exposition collective d'habillements confectionnés et de costumes nationaux, dont le mérite consiste surtout dans les broderies très-remarquables, est sans aucune importance au point de vue commercial.

Le Jury a décidé néanmoins qu'il lui serait délivré une mention honorable.

Exposition des Indes anglaises.

Le Jury a décerné une mention honorable à cette exposition remarquable par ses étoffes imperméables qui sont confectionnées d'une manière remarquable.

COOPÉRATEURS.

§ 3. Médailles de bronze.

Mathieu, dessinateur depuis six ans pour la maison Bouillet, fabricant de confections; très-bons produits.

Mme **David,** brodeuse depuis douze ans dans la maison Bouillet; travail remarquable.

Mme **Wallès,** employée depuis longtemps chez MM. Opigez-Gagelin, fabricants de confections.

Aubry (M.), contre-maître depuis six ans chez MM. Mathieu et Garnot, fabricants de confections; services exceptionnels.

Anthime Le Boiteux, employé depuis douze ans chez M. Leleux, fabricant de confections. Ce n'est pas un employé ordinaire, donnant ses soins et son temps à la maison; c'est plus encore, c'est un directeur de comptoir, actif, intelligent, dévoué à la prospérité de l'honorable maison Leleux.

Le Jury a été unanime pour lui décerner une mention très-honorable en même temps qu'une médaille de bronze.

Josset, coupeur depuis quinze ans chez Mme Delphine Baron, de Paris.

Carette, premier commis chez M. Mouillet, confectionneur à Paris.

Decorte (Victor), ouvrier chez MM. Dardenne frères et Nathan, fabricants d'habillements militaires, à Bruxelles.

Schonberger (Ignaz), premier coupeur chez M. Jacob Rothberger, tailleur (Autriche).

Bozzi (A.), contre-maître chez M. Larapatt, tailleur d'habits (Autriche).

Tableau B.

DÉSIGNATION des PAYS.	EXPOSANTS.					COOPÉRATEURS.			TOTAL général par pays.
	MÉDAILLES			Mentions honorables.	Total par pays.	Médailles de bronze.	Mentions honorables.	Total par pays.	
	d'or.	d'argent.	de bronze.						
France............	1	10	25	3	39	8	10	18	57
Algérie............	»	1	»	»	1	»	»	»	1
Belgique...........	»	1	2	2	5	1	2	3	8
Autriche...........	1	2	5	5	13	1	1	2	15
Suisse.............	»	»	1	»	1	»	»	»	1
Espagne...........	»	»	1	»	1	»	»	»	1
Portugal...........	»	1	2	»	3	»	»	»	3
Grèce.............	»	»	1	»	1	»	»	»	1
Danemark.........	»	»	1	2	3	»	»	»	3
Suède.............	»	»	1	»	1	»	»	»	1
Russie.............	»	»	4	»	4	»	»	»	4
Turquie............	»	1	»	»	1	»	»	»	1
Roumanie..........	»	»	3	1	4	»	»	»	4
Etats-Unis.........	»	»	»	2	2	»	»	»	2
Grande-Bretagne...	»	»	1	1	2	»	»	»	2
Égypte.............	»	»	»	1	1	»	»	»	1
	2	16	47	17	82	10	13	23	105

82 · 23
105

RÉCAPITULATION DU TABLEAU B.

RÉCOMPENSÉS.	FRANCE.	ALGÉRIE.	ÉTRANGER.
Exposants.........	39	1	42
Coopérateurs	18	»	5
	57	1	47

Il résulte des tableaux A et B ci-dessus, que la section Habillement des deux sexes (classe 35) a été représentée à l'Exposition universelle de 1867, à Paris, par 211 exposants qui ont obtenu 105 récompenses, dont 2 médailles d'or de première classe, et 16 médailles d'argent.

Il y a peu d'industries qui aient été récompensées d'une manière aussi large et aussi libérale; ce n'est pas tant comme protestation contre l'exclusion qui jusqu'alors avait, si injustement, frappé cette industrie; ce n'est pas tant à titre de réhabilitation du passé que la juste récompense, accordée aux progrès, au bon goût et à l'importance d'une industrie à laquelle Paris a attaché son nom, et qui figure dans les richesses productives de la France pour un chiffre aussi élevé.

Dès aujourd'hui, notre industrie est une de celle avec lesquelles il faut compter; elle grandira sans cesse, et justifiera son importance progressive par son extension et ses débouchés plus considérables.

CONCLUSION.

Nous avons fait ressortir, dans le travail qui précède, le chiffre d'affaires de l'habillement que nous évaluons, pour Paris seulement, à près de 300 millions, et le nombre d'ouvrier à soixante-treize mille.

Si, maintenant, nous établissons la proportion de l'habillement dans les grandes villes qui font aussi avec l'extérieur des affaires considérables, en y ajoutant les affaires de détail de toute la France, nous aurons un chiffre si considérable que nous ne l'oserions indiquer ici. En l'établissant pour le monde entier, on arriverait, comme nous le disions au commencement, à aligner tant de milliards, que nous serions taxés certainement d'exagération; et cependant, pour se rendre compte de l'importance de cette industrie, il suffirait de faire entrer dans le chiffre général de ses affaires tous les tissus quelconques qui se fabriquent pour son alimentation ; et si on ajoutait à ce chiffre le salaire des ouvriers dans les proportions que nous avons indiquées, et enfin les bénéfices bruts, la conséquence serait que le chiffre du commerce des tailleurs est plus élevé que celui de toute autre industrie.

Il est donc permis de demander pourquoi ce commerce si considérable n'est pas classé comme il devrait l'être, et pourquoi son importance relative ne lui donne pas le rang qu'il devrait occuper.

La réponse est facile.

Le commerce de tailleur ne s'est véritablement affirmé que depuis quelques années; nous ne sommes pas éloignés du temps où l'on refusait ses produits aux expositions, comme n'étant pas une œuvre industrielle ; c'est même cette exclusion, dont était jusqu'alors injustement frappée cette industrie, qui explique pourquoi de grandes maisons de tailleurs et d'habillements confectionnés se sont abstenues d'exposer en 1867.

Nous avons démontré que, au commencement de ce siècle, le tailleur travaillait à façon ; il n'exerçait donc qu'un simple métier, et c'est seulement depuis vingt ans environ que le commerce de l'habillement a pris l'extension énorme qui le met au rang des premières industries du monde.

Mais le préjugé est enraciné dans l'opinion publique; on persiste à croire que le tailleur n'est qu'un homme de métier; qu'il n'est ni commerçant ni industriel ; on le juge très-illettré et ne possédant, par conséquent, aucune des facultés nécessaires pour remplir des fonctions libérales ; c'est là une grande erreur et une grande injustice. La majorité des tailleurs et des confectionneurs est composée d'hommes instruits et intelligents.

Disons, en terminant, que, pour être tailleur un peu remarquable, il faut réunir des conditions qui ne sont pas nécessaires pour exercer toute autre profession. Le tailleur est obligé de connaître tous les tissus qu'il emploie, d'en apprécier la valeur; d'avoir le sentiment du beau, pour choisir les couleurs et les dessins; d'avoir des manières et un langage d'une certaine distinction ; d'approprier son talent au goût et aux caprices de la clientèle; de savoir administrer une maison souvent difficile; d'être, en un mot, industriel et négociant. Hâtons-nous de le dire, la plus grande partie de la génération nouvelle des tailleurs réunit ces qualités indispensables pour être à la tête d'une maison importante.

Nous croyons être l'interprète des intérêts de cette grande industrie, en émettant le vœu de voir le gouvernement entrer plus largement encore dans la voie libérale inaugurée par les traités de commerce ; l'industrie de l'habillement ne peut que gagner à la liberté des échanges entre toutes les nations. C'est bien pénétrés de la pensée que ces grands principes sont inévitablement les lois de l'avenir que nous demandons leur application pratique la plus prompte possible, et à voir disparaître les dernières barrières qui s'opposent à l'initiative particulière et à la libre expansion de l'esprit humain.

Auguste DUSAUTOY,

Ancien tailleur, membre du Conseil général de l'Yonne, chevalier de l'ordre impérial de la Légion d'honneur; président du Jury International de la classe 35 (Vêtements).